annabrevet

SUJETS et CORRIGÉS 2017

Français

Christine Formond
Louise Taquechel

Avec la participation de Marielle Chevallier,
Christophe Clavel et Guillaume D'Hoop

ISSN 1168-3791 ISBN 978-2-401-02223-2

Achevé d'imprimer
Par Maury imprimeur à Malesherbes - France
Dépôt légal 02223-2/01 - Août 2016

Hatier

Annabrevet

MODE D'EMPLOI

Que contient cet Annabrevet ?

Tous les outils nécessaires pour te préparer de manière efficace aux exercices de français de la seconde épreuve du brevet 2017.

En premier lieu, le sujet zéro corrigé de la nouvelle épreuve, mais également :
- des sujets complémentaires ;
- des conseils de méthode ;
- un mémo avec les notions clés.

▶ Une large sélection de sujets

L'ouvrage comprend des sujets complets et des exercices classés par thèmes. Il couvre tout le nouveau programme et illustre les différents types d'exercices proposés dans le cadre de la nouvelle épreuve.

▶ Comment les sujets sont-ils traités ?

Pour t'aider à bien interpréter un sujet et « fabriquer » une bonne copie, les auteurs ont associé à chaque énoncé :
- une explication du sujet et des aides pour construire la réponse (rubrique « Les clés du sujet ») ;
- un corrigé clairement structuré, avec des conseils et des commentaires.

Comment utiliser l'ouvrage ?

▶ À l'aide du sommaire

Dès le mois de décembre, à l'occasion d'un contrôle ou d'un brevet blanc, n'hésite pas à te familiariser avec les types d'exercices proposés au brevet en traitant ceux qui correspondent aux thèmes à réviser.

Travaille-les le plus possible, dans un premier temps, avec la seule aide des « Clés du sujet » ; puis confronte ce que tu as fait avec le corrigé proposé.

▶ À l'aide du planning de révisions

La date de l'examen approche. Grâce à la rubrique « Planifie tes révisions », tu peux organiser ton travail en fonction du temps qui te reste. Traiter les sujets proposés te permettra d'aborder l'épreuve dans les meilleures conditions possible.

Et l'offre privilège sur annabac.com ?

L'achat de cet ouvrage te permet de bénéficier d'un **accès gratuit*** aux ressources d'annabac.com pour le niveau 3e : fiches de cours, podcasts, quiz interactifs, exercices, sujets d'annales corrigés…

Pour profiter de cette offre, rends-toi sur www.annabac.com, dans la rubrique « Vous avez acheté un ouvrage Hatier ? ». La saisie d'un mot-clé du livre (lors de ta première visite) te permet d'activer ton compte personnel.

* Selon conditions précisées sur www.annabac.com

Qui a fait cet Annabrevet ?

▶ L'ouvrage a été écrit par des enseignants de français : Christine Formond et Louise Taquechel.
Marielle Chevallier, Christophe Clavel et Guillaume D'Hoop, enseignants d'histoire-géographie, ont rédigé les exercices d'histoire, géographie et EMC des sujets complets.

▶ Les contenus ont été préparés par plusieurs types d'intervenants :
- des éditeurs : Anne Peeters et Grégoire Thorel, assistés de Sophie Larras et de Julie Laurendeau ;
- une correctrice : Clothilde Diet ;
- des graphistes : Tout pour plaire et Dany Mourain ;
- un infographiste : Vincent Landrin ;
- une illustratrice : Juliette Baily ;
- un compositeur : STDI.

SOMMAIRE

Infos et conseils sur...

14 sujets expliqués et corrigés

Coche les sujets sur lesquels tu t'es entraîné.

Sujets complets

Exercices classés par thèmes

SE RACONTER, SE REPRÉSENTER

Le mémo du brevet

ZOOM sur...

... les exercices de la deuxième partie

LES DICTÉES

Difficulté abordée	Sujets n°
Les déterminants	1
Les homophones grammaticaux	1, 3, 5, 8, 9, 11
Les homophones en conjugaison	2, 3, 4, 8
Les mots invariables	3, 13
Les mots difficiles	6, 7, 12, 14
Les marques du pluriel	6, 10, 11, 12
L'accord des adjectifs	13, 14
L'accord du participe passé	4, 5, 6, 9
Les temps verbaux	4, 5, 7
L'inversion du sujet et du verbe	1, 9, 13

LES SUJETS DE RÉÉCRITURE

Type de réécriture	Sujets n°
Passer au pluriel	1, 2, 5, 6, 7, 8, 10, 11, 12, 14
Changer les personnes	3, 4, 5, 8, 9, 13, 14
Changer de temps	5, 13

LES SUJETS DE RÉDACTION

Sujets d'argumentation	
Thème	**Sujets n°**
Parler de soi et des autres	2, 5, 10, 12
Exprimer son avis sur la société et sur le monde	3, 4, 7, 11, 13, 14
Argumenter dans une situation fictive	1, 6, 8, 9

Sujets d'invention	
Type de sujet	**Sujets n°**
Exprimer ses sentiments	4, 5, 7, 9
Construire un récit	4, 5, 6, 9
Écrire une suite de texte	10
Rédiger un dialogue ou un monologue	8, 13
Écrire une lettre	1, 14
Changer de point de vue	2
Décrire une personne, un objet ou un lieu	3, 11, 12, 13

Planifie tes révisions

J –30 Révise des thèmes clés du programme

Nº	Thème
3	Se raconter, se représenter
5	Se raconter, se représenter
7	Dénoncer les travers de la société
8	Agir dans la cité : individu et pouvoir
10	Agir dans la cité : individu et pouvoir
12	Visions poétiques du monde
14	Progrès et rêves scientifiques

J –15 Travaille les méthodes

Nº	Point de méthode
Dictée	
3	Distinguer les homophones
4	Distinguer les temps employés
6	Accorder les participes passés
Rédaction	
1	Écrire une lettre
5	Exprimer ses sentiments
7	Exprimer son avis sur la société

J –7 Les révisions se terminent !

Entraîne-toi avec le sujet complet 1, dans le temps prévu pour l'examen.

Infos et conseils sur...

La seconde épreuve écrite du brevet

1 Comment s'organise la seconde épreuve écrite du brevet ?

La seconde épreuve écrite du brevet concerne le français, l'histoire, la géographie et l'enseignement moral et civique (EMC).

A Quelles sont les modalités de l'épreuve ?

1. La durée

L'épreuve dure **5 heures**. Elle se compose de deux parties :
- **3 heures** pour la première partie, qui a lieu le matin ;
- **2 heures** pour la seconde partie, qui a lieu l'après-midi.

2. Le barème

L'ensemble de l'épreuve est noté sur **100 points** :
- dans la première partie, les questions d'histoire et de géographie sont notées sur **20 points chacune**, celles d'EMC sur **10 points**. Les questions de français sont sur 20 points ;
- dans la seconde partie, la dictée et la réécriture sont notées sur 10 points et la rédaction, sur 20 points.

B Comment se déroule l'épreuve ?

1. La première partie

La première partie est consacrée à **la compréhension, l'analyse et l'interprétation de textes et de documents**. Elle comprend deux périodes :
- une **première période**, de 2 heures, porte sur les enseignements d'histoire, de géographie et d'EMC ; elle comporte un exercice dans chaque discipline ;
- une **seconde période**, d'1 heure, porte sur le programme de français ; tu dois répondre à des questions sur un texte littéraire et sur un document iconographique ou audiovisuel.

> REMARQUE **Tous les exercices de français prennent appui, directement ou non, sur ce texte. Sa bonne compréhension est donc essentielle.**

2. La seconde partie

La seconde partie évalue tes capacités de **rédaction** et ta **maîtrise de la langue française**. Elle compte trois exercices :
- une **dictée** de 600 signes environ (20 minutes) ;
- un exercice de **réécriture** sur un court fragment de texte (10 minutes) ;
- un **travail d'écriture** (1 heure 30). Deux sujets de rédaction au choix te sont proposés : un sujet de réflexion et un sujet d'invention.

2 Comment te préparer à l'examen ?

Les épreuves finales du brevet constituent ton premier examen. Cela peut générer du stress. Mais, si tu es en bonne forme et que tu as travaillé régulièrement tout au long de l'année, tu n'as aucune raison de t'inquiéter.

A De manière générale

1. La préparation physique

- Il est en particulier recommandé de **dormir correctement** dans les deux derniers mois avant l'examen. Le manque de sommeil risque en effet de réduire tes performances intellectuelles.
- Pour mieux gérer ton stress, continue de **faire du sport**, sans excès, dans les jours qui précèdent l'examen.

2. La préparation intellectuelle

Cette préparation-là s'effectue tout au long de l'année.

- En premier lieu, sois **attentif en cours**.
- **Apprends tes leçons** au fur et à mesure ; n'attends pas le contrôle. Donne du sens à ce que tu apprends : n'hésite pas à expliquer, par oral ou par écrit, le contenu de ta leçon à un proche ou un camarade de classe.
- Lors de la préparation d'un contrôle, entraîne-toi à **extraire de ta mémoire** ce que tu y as mis. Révise pour de vrai !

> ATTENTION ! **Réviser n'est pas seulement relire. Il faut reformuler mentalement ce que tu révises et, si possible, par écrit, devant une feuille blanche.**

B Dans chaque discipline

- En **histoire, géographie et EMC**, tu as intérêt à faire des fiches de révision : pour chaque chapitre, note les points principaux en t'appuyant sur ton cours ou ton manuel.
- En **français**, prends le temps nécessaire pour lire et apprécier les textes qu'on te donne à lire à la maison (sous forme d'extraits ou d'œuvre complète). Rédige avec soin les réponses aux questions posées : c'est le meilleur entraînement aux exercices de français qui composent l'épreuve.

3 Comment réussir les questions de français ?

Les questions portent sur un texte d'une trentaine de lignes, d'un auteur de langue française. Ce texte est accompagné d'un document iconographique, sonore ou audiovisuel.

A Comprendre les documents

- **Lis deux ou trois fois le texte**. Identifie son **genre**. Mobilise tes connaissances sur l'auteur, si tu le connais, et sur l'époque de parution du livre.
- Dans le cas d'un texte narratif, repère les personnages, le lieu et l'époque de l'action. **Qui raconte** ? S'agit-il d'un récit à la 1e personne, à la 3e personne ?
- Regarde attentivement le **document iconographique ou audiovisuel**. Quel élément commun permet de faire le lien avec le texte ?
- Note les **réactions** que les deux documents provoquent en toi : compassion, rire, sentiment de révolte…

B Comprendre les questions

1. Les questions sur le texte

- Deux ou trois questions portent sur les **grandes caractéristiques** du texte : thème, structure, personnage(s), point de vue, etc.
- D'autres questions, plus ponctuelles, t'interrogent sur des **faits de langue** : vocabulaire, figures de style, temps des verbes, etc.
- Les dernières questions te permettent de faire le bilan et de donner ton **avis personnel** : expliciter la visée de l'auteur, dégager l'intérêt du texte…

2. Les questions sur le texte et l'image

Deux questions t'invitent à confronter le texte et le document iconographique. En général, l'une te fait travailler sur l'image, l'autre te demande de justifier le rapprochement avec le texte.

C Répondre aux questions

- Lis l'ensemble des questions avant de commencer à répondre. Elles suivent généralement une progression : tu as donc tout intérêt à les traiter **dans l'ordre**.
- Toutes tes **réponses** doivent être **rédigées**.
- La ou les question(s) faisant appel à ton avis personnel demande(nt) une réponse plus longue et détaillée. Tu t'appuieras sur les documents.

> CONSEIL **Expose ton point de vue de manière claire, précise et argumentée. Une réponse nuancée est toujours la bienvenue.**

4 Comment réussir la dictée et la réécriture ?

Par le nombre de points, la réécriture et la dictée ont la même importance. Tu disposes de 20 minutes pour la dictée et de 10 minutes pour la réécriture.

A Réussir la dictée

- Lors de la première lecture, écoute attentivement le texte pour bien en comprendre le sens. Repère le temps dominant et sois attentif aux liaisons.

> INFO **Le texte de la dictée a toujours un rapport avec le texte support des questions : même œuvre, même auteur ou même thème.**

- Ensuite, relis-toi deux fois :

– la première fois, vérifie toutes les **formes verbales** : temps et accord avec le sujet. Quand tu entends le son [e], demande-toi s'il s'agit d'un participe passé ou d'un infinitif. N'oublie pas d'accorder les **participes passés** qui doivent l'être.

– la seconde fois, concentre-toi sur le nombre des noms et les **accords des adjectifs**. Pose-toi la question « Qui est-ce qui est… ? » ou « Qu'est-ce qui est… ? » devant chacun d'entre eux.

- Sois également attentif aux **homonymes grammaticaux** employés (*ou/où, quand/qu'en, c'est/s'est*…).

- Soigne ton écriture et forme correctement les accents ; respecte la ponctuation. **Toutes les fautes comptent** !

B Réussir la réécriture

- L'exercice te demande de réécrire un passage du texte en fonction de différentes **contraintes grammaticales** : selon le cas, il peut s'agir de modifier le sujet du premier verbe (changement de nombre, de genre et/ou de personne), ou son temps, ou de réécrire le texte au discours indirect, etc.

- Le changement initial entraîne des transformations orthographiques. Avant de réécrire le texte, **souligne tous les mots qu'il faut modifier**. Lorsqu'on te demande de changer la personne du sujet, n'oublie pas que certains pronoms personnels et déterminants possessifs vont peut-être aussi changer.

- Sois vigilant lorsque tu réécris le texte, y compris aux mots qui ne changent pas : toutes les fautes de copie sont pénalisées !

5 Comment réussir la rédaction ?

Tu as le choix entre un sujet de réflexion et un sujet d'invention. Tous deux portent sur la même thématique que les documents distribués dans la première partie de l'épreuve.

A Comprendre le sujet

Lis les deux sujets, et choisis rapidement celui que tu veux traiter.

1. Le sujet de réflexion

- On te demande d'exprimer **ton avis** sur une question précise. Tu dois écrire un texte à dominante **argumentative** en justifiant ton point de vue.
- Le plus souvent, il s'agit d'écrire un petit essai. On peut aussi te demander de développer une argumentation dans une lettre ou sous forme de dialogue.

2. Le sujet d'invention

- Il peut s'agir d'écrire la suite d'un récit, de raconter la même scène en changeant de point de vue, ou d'imaginer une autre scène sur le même thème. On pourra également te demander de **raconter une expérience personnelle**, en précisant les sentiments que tu as éprouvés à cette occasion.

> CONSEIL **Pense à enrichir tes récits par des descriptions et des dialogues, même lorsque les consignes ne le précisent pas.**

- La consigne t'indique clairement le **type de texte** attendu : texte essentiellement narratif, lettre, récit avec passages dialogués…

B Travailler au brouillon

- Accorde **50 minutes** à cette phase.
- Pour un **sujet de réflexion**, contente-toi d'écrire au brouillon le plan et les idées principales de chaque paragraphe, sans faire de phrases complètes. L'introduction et la conclusion en revanche seront totalement rédigées.
- Pour un **sujet d'invention**, rédige tout ton texte au brouillon. Écris au crayon et saute des lignes. Organise ton texte **en paragraphes**.
- Quand tu as terminé ton premier jet, **retravaille-le** : vérifie que les phrases s'enchaînent bien et qu'il n'y a pas trop de répétitions ; puis corrige les erreurs.

C Recopier efficacement

- Accorde-lui **30 minutes** à cette dernière étape. Recopie lisiblement. Ton texte doit faire 2 pages minimum, soit 300 mots environ.
- Il te restera **10 minutes** pour te relire et supprimer les erreurs d'inattention.

14 sujets expliqués

... et corrigés

SUJET

1

Sujet zéro

Sujet complet

Brevet blanc n° 1 : français, histoire, géographie et EMC

1re partie • Analyse et interprétation de textes et documents, maîtrise des différents langages

1re période (2 heures)

1. ANALYSER UN DOCUMENT • HISTOIRE — **20 POINTS**

DOCUMENT **Programme du Conseil national de la Résistance, 15 mars 1944**

Le texte a été diffusé au printemps 1944 dans la clandestinité, par les journaux des mouvements de la Résistance.

Née de la volonté ardente des Français de refuser la défaite, la Résistance n'a pas d'autre raison d'être que la lutte quotidienne sans cesse intensifiée.

Cette mission de combat ne doit pas prendre fin à la Libération. [...]

Aussi les représentants des organisations de Résistance, des centrales syndicales et des partis ou tendances politiques groupés au sein du CNR délibérant en assemblée plénière le 15 mars 1944, ont-ils décidé de s'unir sur le programme suivant, qui comporte à la fois un plan d'action immédiate contre l'oppresseur et les mesures destinées à instaurer, dès la libération du territoire, un ordre social plus juste.

I. Plan d'action immédiate

Les représentants des organisations de Résistance des centrales syndicales et des partis ou tendances politiques groupés au sein du CNR [...] <u>proclament leur volonté de délivrer la patrie en collaborant étroitement aux opérations militaires que l'armée française et les armées alliées entreprendront sur le continent, mais aussi de hâter cette libération</u>, d'abréger les souffrances de notre peuple, de sauver l'avenir de la France en intensifiant sans cesse et par tous les moyens la lutte contre l'envahisseur et ses agents, commencée dès 1940. […]

II. Mesures à appliquer dès la libération du territoire

[…]

4) Afin d'assurer :

– l'établissement de la démocratie la plus large en rendant la parole au peuple français par le rétablissement du suffrage universel ;

– la pleine liberté de pensée, de conscience et d'expression ;

– la liberté de la presse, son honneur et son indépendance à l'égard de l'État, des puissances d'argent et des influences étrangères ;

– la liberté d'association, de réunion et de manifestation […] ;

– l'égalité absolue de tous les citoyens devant la loi ;

5) Afin de promouvoir les réformes indispensables : […]

Sur le plan social :

– le droit au travail et le droit au repos, notamment par le rétablissement et l'amélioration du régime contractuel du travail ; […]

– un plan complet de Sécurité sociale, visant à assurer à tous les citoyens des moyens d'existence, dans tous les cas où ils sont incapables de se les procurer par le travail ; […]

– une retraite permettant aux vieux travailleurs de finir dignement leurs jours ; […]

En avant donc, dans l'union de tous les Français rassemblés autour du CFLN[1] et de son président, le général de Gaulle ! En avant pour le combat, en avant pour la victoire, afin que vive la France !

1. Comité français de libération nationale, remplacé le 3 juin 1944 par le Gouvernement provisoire de la République française.

▶ **1.** Identifiez les auteurs du texte.

▶ **2.** Pourquoi le programme d'action du Comité national de la Résistance daté du 15 mars 1944 a-t-il été adopté dans la clandestinité ? Expliquez la phrase soulignée en quelques lignes en faisant appel à vos connaissances.

▶ **3.** Comment expliquer que le général de Gaulle soit mentionné dans le dernier paragraphe ?

▶ **4.** Relevez et classez les réformes prévues par le CNR dans le tableau suivant.

Les projets de réformes du CNR après la libération du territoire	
Sur le plan des droits et des libertés	Sur le plan social

▶ **5.** À partir de deux exemples précis, relevés dans le texte, montrez que le programme du CNR a été appliqué à partir de 1944.

2. MAÎTRISER DIFFÉRENTS LANGAGES • GÉOGRAPHIE 20 POINTS

▶ **1.** Sous la forme d'un développement construit d'une vingtaine de lignes et en vous appuyant sur un ou des exemples d'aires urbaines étudiés en classe, décrivez les espaces et les dynamiques des villes françaises.

▶ **2.** Localisez et nommez sur le fond de carte ci-dessous Paris et quatre aires urbaines de votre choix.

Les principales aires urbaines de la France métropolitaine

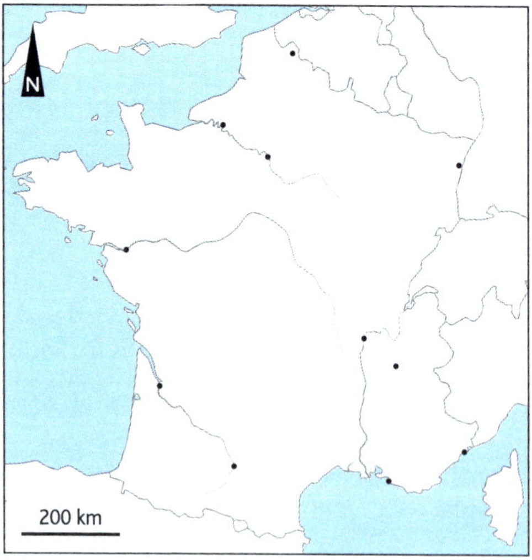

3. ENSEIGNEMENT MORAL ET CIVIQUE — 10 POINTS

DOCUMENT 1 Affiche 2015 de la commune de Floirac (Gironde)

© Boulevard des potes

« Boulevard des potes » : association de lutte contre les discriminations et d'éducation populaire.

Source : www.ville-floirac33.fr

DOCUMENT 2 **Extraits de la Charte de laïcité à l'école (2013)**

Article 3 – La laïcité garantit la liberté de conscience à tous. Chacun est libre de croire ou de ne pas croire [...].

Article 4 – La laïcité permet l'exercice de la citoyenneté, en conciliant la liberté de chacun avec l'égalité et la fraternité de tous dans le souci de l'intérêt général. [...]

Article 8 – La laïcité permet l'exercice de la liberté d'expression des élèves dans la limite du bon fonctionnement de l'École comme du respect des valeurs républicaines et du pluralisme des convictions.

Article 9 – La laïcité implique le rejet de toutes les violences et de toutes les discriminations, garantit l'égalité entre les filles et les garçons et repose sur une culture du respect et de la compréhension de l'autre. [...]

Article 13 – Nul ne peut se prévaloir de son appartenance religieuse pour refuser de se conformer aux règles applicables dans l'École de la République.

▶ **1.** Citez trois valeurs et deux symboles de la République française présents dans les documents.

▶ **2.** Expliquez les phrases soulignées dans le document 2 pour montrer que la laïcité garantit les libertés à l'école.

▶ **3.** Vous êtes chargé de présenter la laïcité à l'école à un correspondant étranger en visite dans votre établissement, en vous aidant des documents et de vos connaissances. En quelques lignes, comment lui expliquez-vous que la laïcité favorise le « vivre ensemble » à l'école ?

2e période (1 heure)

4. QUESTIONS • FRANÇAIS 20 POINTS

DOCUMENT A Texte littéraire

John Johnson, dit le Boa, a été élu maire de Coca, ville imaginaire des États-Unis. Il a de grands projets pour sa ville. Quelques semaines après son élection, il fait un séjour à Dubaï. C'est son premier voyage hors du continent américain.

Ce qu'il voit entre l'aéroport et la ville provoque chez lui une sensation ambivalente d'euphorie[1] et d'écrasement.

Les grues d'abord lui éberluent[2] la tête : agglutinées par centaines, elles surpeuplent le ciel, leurs bras comme des sabres laser plus fluorescents que ceux des guerriers du Jedi, leur halo blafard auréolant la ville chantier d'une coupole de nuit blanche. Le Boa se tord le cou à les compter toutes, et l'homme en *dishdash*[3] blanche qui le coudoie sur la banquette, le voyant faire, lui signale qu'un tiers des grues existant à la surface du globe est réquisitionné en ces lieux : une sur trois répète-t-il, une sur trois est ici, chez nous. Sa toute petite bouche soulignée d'un trait de moustache articule très doucement nous construisons la cité du futur, une entreprise pharaonique. Le Boa ne dit plus rien. Il salive, émerveillé. La prolifération des tours le sidère, si nombreuses qu'on les croit multipliées par un œil malade, si hautes qu'on se frotte les paupières, craignant d'halluciner, leurs fenêtres blanches comme des milliers de petits parallélogrammes aveuglants, comme des milliers de pastilles de Vichy effervescentes dans la nuit délavée ; ici on travaille vingt-quatre heures sur vingt-quatre, les ouvriers sont logés à l'extérieur de la ville, les rotations se font par navette – l'homme susurre chaque information, escortant l'étonnement de Boa avec délicatesse. Plus loin, il pointe d'un index cireux un édifice en construction, déjà haut d'une centaine d'étages, et précise : celle-ci sera haute de sept cents mètres. Le Boa hoche la tête, s'enquiert soudain des hauteurs de l'Empire State Building de New York, ou du Hancok Center de Chicago, questionne sur les tours de Shanghai, de Cape Town, de Moscou, il est euphorique et médusé[4]. À Dubaï donc, le ciel est solide, massif : de la terre à bâtir. Le trajet est long dans la longue voiture, la mer tarde à venir, le Boa l'attend plate, inaffectée, lourde nappe noire comme le pétrole dont le pourtour s'effacerait dans la nuit, et il sursaute à la découvrir construite elle aussi, rendue solide, croûteuse, et apte à faire socle pour un archipel artificiel qui reproduirait un planisphère – la Grande-Bretagne y est à vendre trois millions de dollars – ou un complexe d'habitations de luxe en forme de palmier : elle aussi, donc, de la terre à bâtir.

Le Boa arrive à l'hôtel bouleversé, les joues rouges et les yeux exorbités, il peine à s'endormir, la nuit est trop claire, comme filtrée par une gaze[5] chaude, lui-même trop excité – le Burj Al-Arab est l'hôtel le plus haut du monde, une immense voile de verre et de Teflon gonflée face au golfe Persique qui est absolument noir à cette heure, et clos comme un coffre [...]. Au réveil, le Boa est convaincu d'avoir trouvé l'inspiration qui manquait à son mandat. C'est un espace maîtrisé qui s'offre à ses yeux, un espace, pense-t-il, où la maîtrise se combine à l'audace, et là est la marque de la puissance.

Maylis de Kerangal, *Naissance d'un pont*, 2010, © Éditions Gallimard.

1. Euphorie : sensation intense de bien-être, de joie, d'optimisme.
2. Éberluer : étonner vivement, stupéfier.
3. *Dishdash* : longue robe blanche, vêtement traditionnel.
4. Médusé : qui manifeste un grand étonnement, de la stupeur.
5. Gaze : tissu léger, utilisé en couture ou pour faire des compresses et des pansements.

DOCUMENT B Travailleurs sur un site de construction à Dubaï

ph © STR New/Reuters

Les réponses aux questions doivent être entièrement rédigées.

Sur le texte littéraire (document A)

▶ **1.** Quelles sont les caractéristiques principales de la ville décrite dans le texte ? *(2 points)*

▶ **2.** Étudiez précisément la progression des émotions et sensations ressenties par le personnage principal au fil de l'extrait. *(3 points)*

▶ **3.** À quel temps les verbes sont-ils majoritairement conjugués dans le texte ? Comment comprenez-vous ce choix de l'auteure ? *(2 points)*

▶ **4.** « Sa toute petite bouche soulignée d'un trait de moustache articule très doucement nous construisons la cité du futur, une entreprise pharaonique » (l. 11-13) : comment, dans cette phrase, les propos tenus par le personnage sont-ils rapportés ? Est-ce une manière de faire habituelle ? À votre avis, pourquoi l'auteure procède-t-elle ainsi ? *(2,5 points)*

▶ **5.** « une entreprise pharaonique. » *(1,5 point)*

a) Comment le mot souligné est-il construit ?

b) Que signifie-t-il généralement ?

c) Le contexte lui donne-t-il une valeur particulière ?

▶ **6.** « […] un espace, pense-t-il, où la maîtrise se combine à l'audace, et là est la marque de la puissance. » (l. 43-44)

a) Expliquez le sens de cette phrase en vous aidant de ce qui la précède. *(2 points)*

b) À votre avis, l'auteure partage-t-elle ici la pensée du personnage ? *(1 point)*

▶ **7.** Proposez un titre pour ce texte, puis expliquez vos intentions et ce qui justifie votre proposition. *(2 points)*

Sur le texte et l'image (documents A et B)

▶ **8.** Quels sont les éléments qui rapprochent l'image et le texte ? *(2 points)*

▶ **9.** Quelles impressions suscite en vous cette photographie ? Sont-elles comparables à celles produites par le texte ? Pourquoi ? *(2 points)*

2e partie • Français, rédaction et maîtrise de la langue (2 heures)

5. DICTÉE 5 POINTS

Le titre et la source de l'extrait sont écrits au tableau au début de la dictée.

Au-delà

Les Parisiens n'ont jamais de leur ville le plaisir qu'en prennent les provinciaux. D'abord, pour eux, Paris se limite à la taille de leurs habitudes et de leurs curiosités. Un Parisien réduit sa ville à quelques quartiers, il ignore tout ce qui est au-delà qui cesse d'être Paris pour lui. Puis il n'y a pas ce sentiment presque continu de se perdre qui est un grand charme. Cette sécurité de ne connaître personne, de ne pouvoir être rencontré par hasard. Il lui arrive d'avoir cette sensation bizarre au contraire dans de toutes petites villes où il est de passage, et le seul à ne pas connaître tous les autres.

Louis Aragon, *Aurélien*, 1944, © Éditions Gallimard.

6. RÉÉCRITURE 5 POINTS

« Le Boa arrive à l'hôtel bouleversé, les joues rouges et les yeux exorbités, il peine à s'endormir, la nuit est trop claire, comme filtrée par une gaze chaude, lui-même trop excité [...]» (l. 36-38).

Réécrivez cette phrase en remplaçant « Le Boa » par « Ils » et en procédant à toutes les transformations nécessaires.

7. TRAVAIL D'ÉCRITURE 20 POINTS

Vous traiterez au choix le sujet A ou B. Votre rédaction sera d'une longueur minimale d'une soixantaine de lignes (300 mots environ).

Sujet A

Selon vous, la vie au sein d'une ville moderne est-elle source de bonheur et d'épanouissement ?

Vous répondrez à cette question dans un développement argumenté en vous appuyant sur votre expérience, sur vos lectures, votre culture personnelle et les connaissances acquises dans l'ensemble des disciplines.

Sujet B

Vous êtes architecte et vous proposez au pays imaginaire d'Utopia la fondation d'une ville idéale. Écrivez la lettre que vous adressez aux dirigeants d'Utopia pour expliquer votre vision de la ville, justifier vos choix et les inviter à retenir votre projet.

LES CLÉS DU SUJET

■ Analyser un document • Histoire

Comprendre le document

Ce document est un programme qui fixe à la fois l'action immédiate et la reconstruction politique et sociale qui devra suivre la fin de la guerre. Il a été adopté à l'unanimité par les membres du CNR le 15 mars 1944. Tu dois donc mobiliser tes connaissances sur deux thèmes du programme : la France défaite et occupée durant la Seconde Guerre mondiale, et la refondation républicaine entre 1944 et 1947.

Répondre aux questions

▶ **1.** Rappelle ce qu'est le CNR et dans quel but il a été mis en place.

▶ **2.** Repère la date précise (jour, mois) du document. Quelle est la situation à ce moment-là en France ? Quels événements sont encore à venir ?

▶ **5.** La réponse n'est pas dans le texte, elle fait appel à tes connaissances sur les grandes réformes adoptées en France dans l'immédiat après-guerre. Tes réponses à la question 4 devraient te mettre sur la piste.

■ Maîtriser les différents langages • Géographie

▶ **1.** Le développement construit est centré sur les aires urbaines. On te demande d'abord de décrire les espaces urbains. Tu profiteras de cette première partie pour présenter la composition d'une aire urbaine et définir correctement les différents termes clés (pôle urbain, couronne périurbaine). Tu consacreras ta seconde partie à la description des dynamiques urbaines, c'est-à-dire les évolutions des villes à différentes échelles. Ici, tu peux te contenter d'une dynamique à l'échelle urbaine (l'étalement) et à l'échelle nationale (la métropolisation).

■ Enseignement moral et civique

Comprendre les documents

• Le document 1 est une affiche invitant les citoyens à participer à un débat organisé par une association luttant contre les discriminations.

• Adoptée en 2013, la Charte de la laïcité (document 2) doit être affichée dans tous les établissements scolaires et figurer dans les carnets de correspondance des élèves. Elle explique ce qu'est la laïcité et la manière dont elle doit être appliquée à l'école.

Répondre aux questions

▶ **3.** Tu dois montrer ce que la laïcité apporte aux élèves (plus de libertés et plus d'égalité) en donnant des exemples concrets que tu peux puiser dans tes connaissances personnelles.

Questions • Français

Le texte littéraire (document A)

• Le roman *Naissance d'un pont* raconte le chantier de la construction d'un pont dans la ville imaginaire de Coca, aux États-Unis. Dans l'extrait présenté, le maire de Coca est impressionné par ce qu'il découvre dans la ville de Dubaï, aux Émirats arabes unis : les chantiers et les projets décrits semblent repousser les limites de la réalité, mais sont pourtant bien réels.

L'image (document B)

• La photographie, prise en légère plongée, montre des ouvriers travaillant à la construction des fondations d'une tour comme celles qu'on voit en arrière-plan. On fait ainsi facilement la différence entre les ouvriers, qui creusent la terre, et les tours, qui touchent le ciel.

Travail d'écriture (sujet A)

Recherche d'idées

Ton point de vue doit être nuancé. Tu peux d'abord souligner l'attrait de la ville moderne : elle offre des possibilités d'emploi variées ; les plaisirs et les distractions y sont plus nombreux. Comme arguments opposés, tu peux signaler que les grandes villes accroissent parfois le sentiment d'isolement, et que les nuisances y sont nombreuses.

Conseils de rédaction

Pense à utiliser des connecteurs logiques pour organiser ta réflexion : *tout d'abord, ensuite, par exemple, toutefois, c'est pourquoi, cependant*… Dans le développement, tu mentionneras en dernier les arguments qui te semblent les plus convaincants.

Travail d'écriture (sujet B)

Recherche d'idées

Fais la liste de ce qui te semble négatif dans les villes que tu connais : l'absence d'espaces verts, le bruit incessant, les embouteillages, le sentiment d'anonymat, etc. Ensuite, cherche des solutions pour que ces problèmes disparaissent : privilégier les transports en commun, préférer les maisons individuelles aux immeubles collectifs, créer un cadre de vie convivial, etc.

Conseils de rédaction

Tu dois écrire une lettre officielle, avec tous les impératifs que cela comporte : en-tête, objet, formule de politesse, etc. N'hésite pas à inventer des détails sur l'expéditeur que tu incarnes : *je suis un excellent architecte, j'ai dessiné les plans de l'écoquartier de…, je pense à ce projet depuis longtemps…* Enfin, n'oublie pas que ta description est au service d'une argumentation : tu dois convaincre les destinataires.

CORRIGÉ 1

1re partie • Analyse et interprétation de textes et documents, maîtrise des différents langages

1re période

1. ANALYSER UN DOCUMENT • HISTOIRE

▶ **1.** Ce texte est extrait du programme du Conseil national de la Résistance (CNR). Mis en place grâce à l'action de Jean Moulin en mai 1943, le CNR réunit, sous l'autorité du général de Gaulle, les représentants des huit grands mouvements de la Résistance intérieure française, toutes tendances politiques confondues, ainsi que les leaders des deux grands syndicats d'avant-guerre (CGT et CFTC) et des six partis politiques de la IIIe République.

> **Gagne des points**
> N'hésite pas à citer quelques noms de mouvements de résistance, si tu en connais : Libération Nord, Franc-tireur, Défense de la France…

▶ **2.** À la date de parution du programme du CNR, le 15 mars 1944, la guerre n'est pas terminée et la France vit toujours sous occupation allemande. Les résistants agissent dans la clandestinité. Leur but premier est de libérer le territoire en appuyant la résistance extérieure, dont les instances ont quitté Londres pour Alger, et les Alliés qui progressent sur tous les fronts, dans l'attente d'un débarquement.

▶ **3.** La constitution du CNR avait pour but d'unir la Résistance française derrière le général de Gaulle, installé à Londres depuis le 17 juin 1940 et reconnu par les autorités britanniques.

> **Info +**
> La constitution du CNR a été lente et difficile, car de nombreux résistants ne souhaitaient pas s'engager derrière de Gaulle. Pourtant, c'est leur union qui a permis la rédaction d'un programme ambitieux de reconstruction politique et sociale.

▶ **4.**

Les projets de réformes du CNR après la libération du territoire	
Sur le plan des droits et des libertés	**Sur le plan social**
• Rétablissement du suffrage universel • Liberté de pensée, de conscience et d'expression	• Droit au travail et au repos • Établissement d'une Sécurité sociale
• Liberté de la presse • Liberté de réunion, d'association et de manifestation • Égalité devant la loi	• Retraite

▶ **5.** Une fois le territoire libéré et la légitimité républicaine rétablie, des élections municipales sont organisées les 26 avril et 13 mai 1945. Pour la première fois, les Françaises y participent. Ainsi, conformément au programme du CNR, le suffrage universel a été non seulement rétabli, mais aussi élargi aux femmes.

Une ordonnance du 4 octobre 1945 institue la Sécurité sociale. Dans l'esprit des rédacteurs du programme du CNR, elle vise à « assurer à tous les citoyens des moyens d'existence, dans tous les cas où ils sont incapables de se les procurer par le travail ».

2. MAÎTRISER DIFFÉRENTS LANGAGES • GÉOGRAPHIE

▶ **1.** Les villes françaises – en fait les aires urbaines – rassemblent aujourd'hui 85 % de la population totale. Une aire urbaine est constituée d'un pôle urbain et de sa couronne périurbaine, lesquels s'opposent à l'espace rural environnant. Le pôle urbain peut être divisé en deux espaces de morphologies différentes : la ville-centre, à l'habitat très dense, et les banlieues, moins denses et composées soit d'habitats collectifs, soit d'habitats individuels. Ce pôle urbain rassemble au moins 5 000 emplois. Autour de lui, la couronne périurbaine, qui peut être très étendue, compte des communes qui ne sont pas contiguës, mais dont au moins 40 % des actifs vont travailler dans l'aire urbaine.

Conseil
Tu peux illustrer ta réponse à l'aide d'un schéma simple, sur lequel tu porteras le nom de l'aire urbaine étudiée en classe.

Schéma d'une aire urbaine

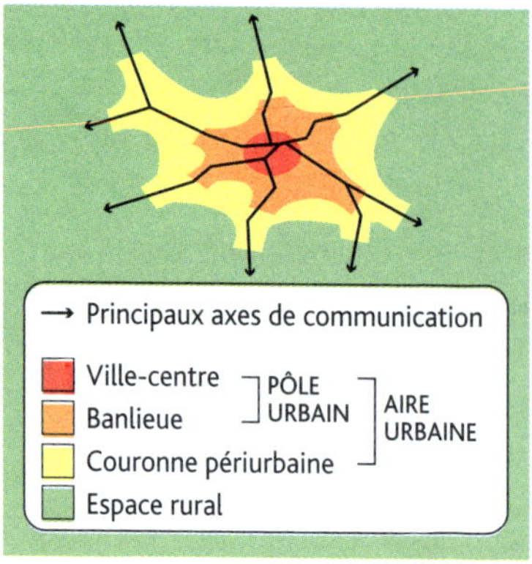

C'est la première dynamique manifeste des villes françaises : l'étalement des aires urbaines, qui entraîne une explosion des mobilités, notamment des migrations pendulaires domicile-travail. Une deuxième dynamique, à l'échelle nationale cette fois, est la métropolisation : plus une aire urbaine est élevée dans la hiérarchie urbaine nationale, plus elle tend à se renforcer, à concentrer les hommes et les activités. Paris, ville mondiale, profite le plus de cette dynamique, suivie par les autres grandes métropoles de rang national, voire européen : Lille, Lyon, Marseille, Toulouse notamment. À l'inverse, les villes petites et moyennes, surtout dans les régions les moins dynamiques, connaissent davantage de difficultés.

▶ 2.

Sur la carte ci-dessus, toutes les aires urbaines repérées ont été nommées. Mais, le jour de l'examen, contente-toi de faire ce qui est demandé pour ne pas perdre de temps.

3. ENSEIGNEMENT MORAL ET CIVIQUE

▶ **1.** Les principales valeurs républicaines figurant dans les documents sont la liberté, l'égalité, la fraternité et la laïcité. Les symboles visibles sont la devise, Marianne et les couleurs du drapeau national.

▶ **2.** D'une part, « la laïcité garantit la liberté de conscience » : en effet, selon le principe de laïcité, chacun est libre de croire (ou de ne pas croire) en ce qu'il veut sans subir les pressions d'autres personnes qui chercheraient à imposer leurs croyances. D'autre part, « la laïcité permet l'exercice de la liberté d'expression des élèves », puisqu'il ne leur est pas interdit de parler des religions et des croyances, à partir du moment où les échanges se font dans le respect des convictions de chacun.

> **Conseil**
> Commence par rédiger une phrase introductive reprenant les termes du sujet, ici l'expression « vivre ensemble ».

▶ **3.** Des élèves de religions différentes, athées ou sans religion, se côtoient dans les écoles où la laïcité leur permet de travailler sereinement et de mieux « vivre ensemble ». C'est une valeur qui garantit leurs libertés de conscience et d'expression et assure l'égalité entre eux : quelle que soit leur religion, les élèves sont tous traités de la même façon et aucune discrimination liée aux convictions religieuses n'est tolérée. Les croyances doivent donc rester personnelles ; il est par exemple interdit de porter des signes religieux trop visibles dans les écoles françaises. La laïcité est donc bien une valeur essentielle au bon fonctionnement des établissements scolaires.

2e période

4. QUESTIONS • FRANÇAIS

▶ **1.** Il s'agit avant tout d'une ville en chantier, ce dont témoigne le champ lexical de la construction. Cette ville se caractérise également par le gigantisme (les centaines de grues, la prolifération des tours, un édifice haut de sept cents mètres), la lumière permanente (« le halo blafard » des grues, « une coupole de nuit blanche », les fenêtres sont « aveuglantes », « la nuit est trop claire »), et l'absence de limites, puisqu'elle s'étend dans le ciel comme sur la mer.

▶ **2.** Au début, le personnage est partagé entre une joie intense et une impression d'accablement (« une sensation ambivalente d'euphorie et d'écrasement »). On retrouve cette ambiguïté dans la suite du texte : la joie (« il salive », « émerveillé », « euphorique ») alterne avec la plus grande stupéfaction (« éberluent », « se tord le cou », « le sidère », « l'étonnement », « médusé »). Ce choc amène une révélation pour le personnage, convaincu d'avoir trouvé l'inspiration.

▶ **3.** Les verbes sont majoritairement conjugués au présent de l'indicatif. Il s'agit de rendre plus vivantes, plus proches du lecteur les actions racontées dans le récit. On parle alors de présent de narration.

▶ **4.** Les propos tenus dans cette phrase semblent rapportés au discours direct : le pronom employé (« nous ») le prouve. Mais, contrairement à l'usage, la ponctuation attendue n'est pas respectée : les deux-points et les guillemets sont omis. La limite entre narration et dialogue s'estompe. Le narrateur procède ainsi pour souligner la grande douceur avec laquelle les paroles sont prononcées, qui n'interrompent ni les pensées du personnage ni le fil de la lecture.

▶ **5. a)** Le mot est construit par dérivation : le radical *pharaon* est suivi du suffixe *-ique*.

b) « Pharaonique » est un adjectif qui signifie « gigantesque, démesuré ».

c) Par l'emploi de cet adjectif, l'auteur rapproche les constructions de la ville de Dubaï des pyramides monumentales construites par les pharaons.

Info +
La pyramide de Khéops fut ainsi pendant des millénaires le bâtiment le plus haut et le plus massif jamais construit, suscitant, comme les tours de Dubaï chez le Boa, l'étonnement et l'admiration.

▶ 6. a) Le Boa est fasciné par ce qu'il vient de découvrir de la ville de Dubaï. C'est un lieu où la maîtrise (le savoir-faire technique) est accompagnée d'audace, c'est-à-dire d'idées nouvelles et courageuses. En effet, les limites traditionnelles à l'expansion de la ville disparaissent : le ciel et la mer sont devenus constructibles.

b) Il s'agit ici d'une pensée rapportée, comme le souligne l'incise « pense-t-il ». Cette précision semble indiquer que le narrateur ne partage pas les réflexions de son personnage.

▶ 7. L'extrait pourrait s'intituler : « Une ville au-delà des limites ». Ce titre insiste sur la démesure de la ville visitée par le personnage, où des ouvriers travaillent sans relâche à l'édification de tours toujours plus hautes, où l'on bâtit dans le ciel et sur la mer.

Conseil
Beaucoup de réponses sont possibles, pour peu qu'elles soulignent un aspect important du texte : le gigantisme architectural, l'étonnement du personnage… Seule contrainte : le titre doit prendre la forme d'un groupe nominal.

▶ 8. De nombreux éléments sont communs au texte et à l'image, qui s'attachent tous deux à montrer le quotidien de la ville de Dubaï : les gratte-ciels, les grues, la ville en chantier, les ouvriers travaillant à une nouvelle construction…

▶ 9. La photographie ne transmet pas une impression de joie : les ouvriers sont dans un trou, surveillés par un contremaître. Les machines et les constructions occupent les deux tiers supérieurs de l'image. Les hommes sont au service d'un projet qui les dépasse, mais ils ne manifestent aucun entrain. Dans le texte, au contraire, le lecteur peut comprendre l'étonnement médusé du personnage. Les impressions sont différentes : le texte offre une vision d'ensemble du projet, quand l'image montre une réalité moins grandiose, celle du quotidien des travailleurs.

2e partie • Français, rédaction et maîtrise de la langue

5. DICTÉE

POINT MÉTHODE

1 Accorde bien les déterminants : *quelques quartiers*, *cette sécurité*, etc.

2 Dans la première phrase, le sujet du verbe *prendre* est inversé. Repère-le pour choisir la bonne terminaison.

3 Attention aux homophones ! Veille à distinguer *ce* (déterminant démonstratif, suivi d'un nom), *ce* (pronom démonstratif, que l'on peut remplacer par *cela*) et *se* (pronom réfléchi, qui n'est jamais le sujet d'un verbe). En outre, tu ne dois pas confondre *qu'en* (*que* + *en*) avec *quand* (qui signifie *lorsque*).

Les Parisiens n'ont jamais de leur ville le plaisir qu'en prennent les provinciaux. D'abord, pour eux, Paris se limite à la taille de leurs habitudes et de leurs curiosités. Un Parisien réduit sa ville à quelques quartiers, il ignore tout ce qui est au-delà qui cesse d'être Paris pour lui. Puis il n'y a pas ce sentiment presque continu de se perdre qui est un grand charme. Cette sécurité de ne connaître personne, de ne pouvoir être rencontré par hasard. Il lui arrive d'avoir cette sensation bizarre au contraire dans de toutes petites villes où il est de passage, et le seul à ne pas connaître tous les autres.

6. RÉÉCRITURE

Les termes modifiés sont en couleur.

« Ils arrivent à l'hôtel bouleversés, les joues rouges et les yeux exorbités, ils peinent à s'endormir, la nuit est trop claire, comme filtrée par une gaze chaude, eux-mêmes trop excités. »

7. TRAVAIL D'ÉCRITURE

Voici un exemple de rédaction sur chacun des deux sujets.
Attention les indications entre crochets ne doivent pas figurer sur ta copie.

Sujet A

[Introduction] Tout au long du XXe siècle, les campagnes ont été de plus en plus délaissées au profit des grandes villes : vivre en ville permettait d'améliorer sa situation économique et d'éviter la misère. Mais le bonheur et l'épanouissement individuel sont-ils aujourd'hui possibles dans ces cités modernes, où réside désormais la majorité de la population ?

[La ville moderne offre des avantages et des commodités...] Vivre dans une ville moderne peut procurer certains avantages : il est plus facile d'y trouver un emploi par exemple. La ville moderne offre aussi des facilités qui rendent le quotidien plus agréable : les distractions sont nombreuses, les transports bien développés, les commerces ouverts tous les jours. Et il est certain que l'épanouissement personnel passe aussi par ces commodités.

[... mais elle n'est pas pour autant source de bonheur] Cependant la vie au sein d'une grande ville présente aussi des inconvénients : les logements sont plus chers et plus petits ; on peut vite se sentir isolé dans un lieu où l'on ne connaît personne ; le bruit et la pollution sont inévitables. Ainsi, de ma chambre en ville, j'entends en permanence les bruits des travaux, du métro et des voitures, même la nuit.

Conseil
Démarre ta seconde partie par un connecteur logique d'opposition, pour montrer que tu vas maintenant mentionner les arguments « contre ».

[Conclusion] Si la vie au sein de la ville moderne présente des avantages certains, ces avantages ne sont pas forcément source d'épanouissement. Les progrès technologiques rendent de plus en plus ces avantages accessibles partout, même dans des campagnes isolées. Pour ma part, je considère donc que les inconvénients présentés par la vie dans une grande ville sont très nombreux et peuvent dans bien des cas être des obstacles au bonheur.

Sujet B

Frédéric Pirès
14, rue du Stand
75009 Paris

À l'attention des dirigeants d'Utopia

Paris, le 15 septembre 2016

Objet : projet pour la fondation d'une ville idéale

Madame, Monsieur,

[Introduction] Cela fait longtemps que j'admire le pays d'Utopia. Architecte de formation, je suis particulièrement sensible au défi que pose aujourd'hui l'édification d'une ville moderne. C'est pourquoi je voudrais vous soumettre mon projet pour la fondation d'une ville idéale, que votre pays pourrait accueillir.

Remarque
Le premier paragraphe rappelle la situation d'énonciation : qui est l'émetteur, à qui il s'adresse et dans quel but.

[Avantages du projet] La cité idéale doit essayer de préserver le contact de l'homme avec la nature, en réduisant au maximum les nuisances visuelles et les nuisances sonores liées au trafic permanent. J'ai donc songé à un projet fabuleux pour l'immense vallée qui se trouve au sud d'Utopia. Chaque habitant pourra disposer d'une maison individuelle et d'un jardin. Les équipements de loisirs, parcs, gymnases, plans d'eau, y seront nombreux, afin de favoriser les contacts entre les gens. Pour que le confort de vie soit total, les activités professionnelles seront interdites dans cette zone. C'est seulement dans le centre-ville que le travail sera autorisé, où de hauts édifices seront construits, de manière à concentrer toutes les activités. Il sera interdit aux habitants de se rendre à leur travail en voiture. Ils devront utiliser les transports en commun. Afin de ne pas défigurer l'espace, ces transports seront uniquement souterrains. La surface de la terre sera donc libérée de la pollution que produisent les véhicules motorisés.

[Conclusion] Si vous retenez mon projet, les habitants de cette ville pourront à juste titre se sentir les citoyens les plus privilégiés d'Utopia.

Dans l'attente de votre réponse, je vous prie d'agréer, Madame, Monsieur, mes sincères salutations.

Frédéric Pirès

SUJET 2

Sujet inédit
Sujet complet

Brevet blanc n° 2 : français, histoire, géographie et EMC

1re partie • Analyse et interprétation de textes et documents, maîtrise des différents langages

1re période (2 heures)

1. ANALYSER DES DOCUMENTS • GÉOGRAPHIE — **20 POINTS**

DOCUMENT 1 Croquis de localisation de Disneyland Paris

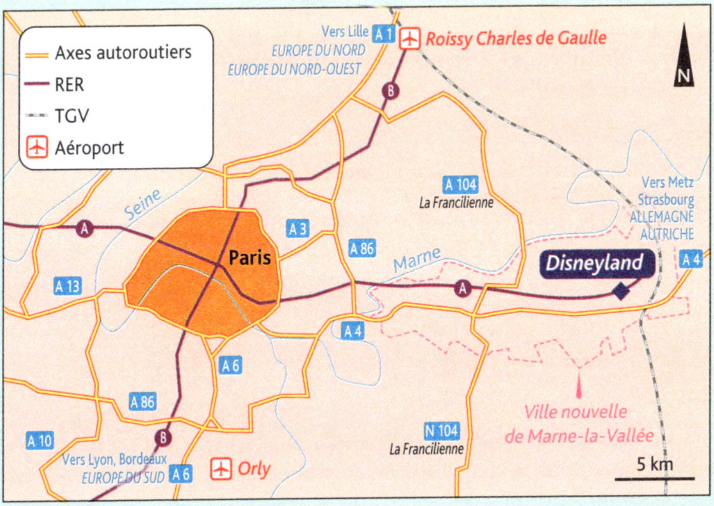

DOCUMENT 2 **Marne-la-Vallée : implantation de Disneyland Paris**

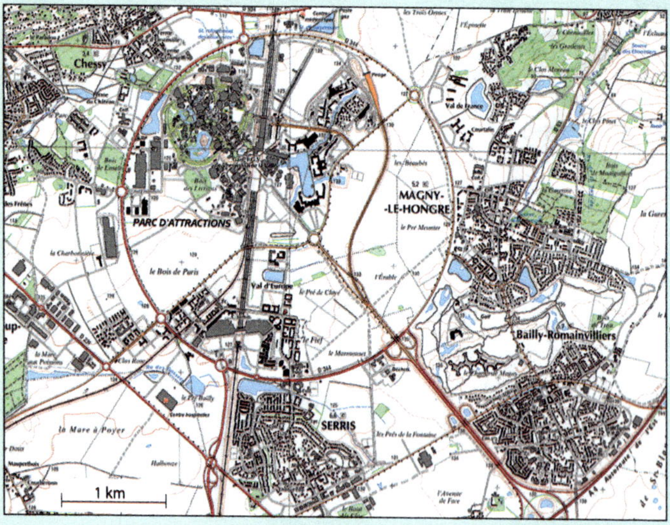

▶ **1.** À l'aide du document 1, relevez les différentes façons de se rendre à Disneyland Paris pour un visiteur venant de Paris, venant d'Allemagne et venant du Brésil.

▶ **2.** À l'aide du document 1, expliquez les critères de localisation qui ont présidé à l'implantation de Disneyland Paris à cet endroit.

▶ **3.** D'après le document 2, dans quel type d'espace (rural, urbain, périurbain) Disneyland Paris s'est-il implanté ? Justifiez votre réponse. Pourquoi l'implantation n'est-elle pas plus proche de Paris ?

▶ **4.** Quels aménagements montrent sur le document 2 les efforts d'infrastructures entrepris pour le fonctionnement de cet espace ?

▶ **5.** Quel type d'espace productif est ici représenté ? D'après vos réponses aux questions et vos connaissances, quels sont les critères déterminants pour la rentabilité de ce type d'espace productif ?

2. MAÎTRISER DIFFÉRENTS LANGAGES • HISTOIRE 20 POINTS

▶ **1.** Sous la forme d'un développement construit d'une vingtaine de lignes, décrivez et expliquez quel fut le rôle de l'arrière durant la Première Guerre mondiale.

▶ **2.** Sur la frise chronologique ci-dessous, délimitez les trois grandes phases de la Première Guerre mondiale, et indiquez pour chacune le type d'affrontement qui la caractérise : guerre de mouvement ou guerre de position. Puis, placez l'une des batailles emblématiques du conflit.

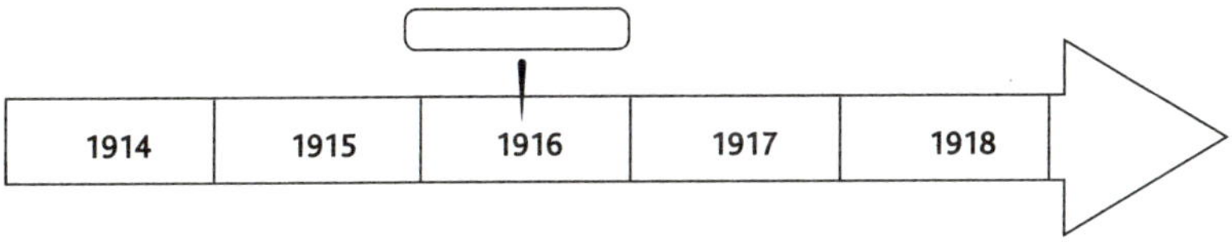

3. ENSEIGNEMENT MORAL ET CIVIQUE — 10 POINTS

DOCUMENT 1 **Résultats électoraux des élections législatives de 2012**

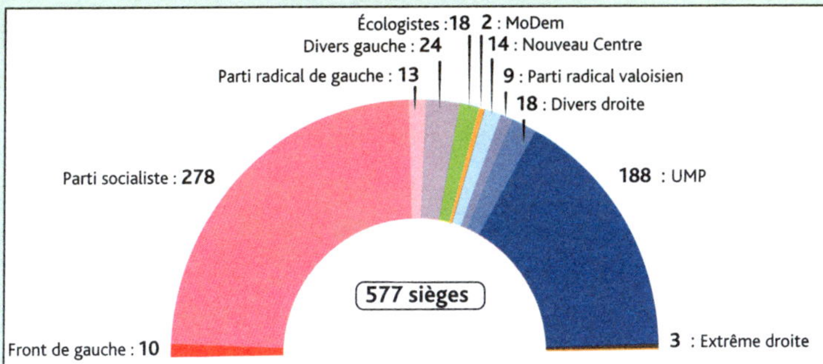

INSCRITS	ABSTENTIONS	VOTANTS	BLANCS ET NULS	EXPRIMÉS
42 233 684	19 281 202 (44,60 %)	23 952 482 (55,40 %)	923 194 (3, 85 %)	23 029 288 (96,15 %)

Source : *Le Monde*.

DOCUMENT 2 **Extraits de la Constitution de la Vᵉ République**

Art. 1er. La France est une République indivisible, laïque, démocratique et sociale. Elle assure l'égalité devant la loi de tous les citoyens sans distinction d'origine, de race ou de religion. Elle respecte toutes les croyances. […]

Art. 3. La souveraineté nationale appartient au peuple qui l'exerce par ses représentants et par la voie du référendum. Aucune section du peuple ni aucun individu ne peut s'en attribuer l'exercice. […]

Art. 4. Les partis et groupements politiques concourent à l'expression du suffrage. Ils se forment et exercent leur activité librement. [...] La loi garantit les expressions pluralistes des opinions et la participation équitable des partis et groupements politiques à la vie démocratique de la Nation. [...]

Art. 20. Le Gouvernement détermine et conduit la politique de la nation. [...]

Art. 24. Le Parlement vote la loi. Il contrôle l'action du Gouvernement. Il évalue les politiques publiques. Il comprend l'Assemblée nationale et le Sénat. [...]

Art. 34. La loi fixe les règles concernant :

– les droits civiques et les garanties fondamentales accordées aux citoyens pour l'exercice des libertés publiques ; la liberté, le pluralisme et l'indépendance des médias ; [...]

– la détermination des crimes et délits ainsi que les peines qui leur sont applicables.

▶ **1.** Citez les différents acteurs évoqués dans ces documents, qui permettent à la démocratie de fonctionner.

▶ **2.** Expliquez à l'aide des documents quel est le rôle des citoyens. Pourquoi est-il important qu'ils participent aux élections ?

▶ **3.** Vous participez à un voyage scolaire à l'étranger. La famille dans laquelle vous êtes logé aimerait en savoir plus sur la France. À l'aide des documents et de vos connaissances, rédigez quelques lignes pour lui expliquer que la France est une démocratie.

2e période (1 heure)

4. QUESTIONS • FRANÇAIS — 20 POINTS

DOCUMENT A Texte littéraire

Pendant la Première Guerre mondiale, Morlac, un soldat français, et ses camarades, fraternisent avec des soldats ennemis : ils décident ensemble de se révolter pour faire cesser la guerre. Mais au signal de rassemblement convenu, Guillaume, le chien de Morlac, saute à la gorge d'un ennemi venu faire la paix. Les soldats croient à un piège et recommencent à s'affronter.

Morlac, blessé cette nuit-là, a reçu la Légion d'honneur. Après la fin de la guerre, il se retrouve en prison pour avoir manqué de respect aux autorités lors d'une cérémonie de commémoration. Le juge Lantier vient l'interroger.

« Voilà comment je suis devenu un héros. »

Morlac, pour ponctuer cette conclusion, avait mordu méchamment dans sa pomme.

« À cause d'un chien, en somme », avança le juge.

Le prisonnier acquiesça en mâchouillant.

« C'est pour ça que vous en voulez à Guillaume ?

– Je ne lui en veux plus, dit-il en crachant un pépin. D'accord en me réveillant à l'hôpital, c'était autre chose : quand je me suis rendu compte de ce qui s'était passé, j'ai eu envie de le tuer. Dès que j'ai pu me lever, je l'ai vu en bas, dans la cour, qui m'attendait. Et pendant des nuits entières, jusqu'à ma convalescence[1], j'ai imaginé comment je m'en débarrasserais. »

Morlac lança le trognon sur la table.

« Mais je ne pouvais pas faire ça. D'abord, j'étais cloué au lit. Et surtout, j'étais un héros, vous comprenez ? Des officiers m'avaient apporté ma citation signée par Sarrail en personne. [...] Tout le monde me parlait de mon chien. Les gens savaient qu'il avait été au front avec moi. Les infirmières le nourrissaient dans la cour et me donnaient de ses nouvelles. Personne n'aurait compris que je l'abatte d'un coup de revolver. Et pourtant, c'est à ça que je pensais jour et nuit. [...]

– Mais ce chien, vous ne pouvez pas lui en vouloir...

– C'est ce que j'ai fini par me dire. Il m'a fallu presque six mois. [...] »

Il se leva et marcha jusqu'au fond de la cellule. Puis, se retournant brutalement :

« C'était lui, le héros. C'est ça que j'ai pensé, voyez-vous. Pas seulement parce qu'il m'avait suivi au front et qu'il avait été blessé. Non, c'était plus profond, plus radical. Il avait toutes les qualités qu'on attendait d'un soldat. Il était loyal jusqu'à la mort, courageux, sans pitié avec les ennemis. Pour lui, le monde était fait de bons et de méchants. Il y avait un mot pour dire ça : il n'avait aucune humanité. Bien sûr, c'était un chien... Mais nous qui n'étions pas des chiens, on nous demandait la même chose. Les distinctions, médailles, citations, avancements, tout cela était fait pour récompenser des actes de bêtes. »

Il était maintenant debout face à Lantier, mais il regardait plus loin, plus haut, ce qui, dans cette étroite cellule, revenait à fixer le mur.

« Au contraire, la seule manifestation d'humanité, celle qui aurait consisté à faire fraterniser des ennemis, à décider la grève de la guerre, à forcer les gouvernements à la paix, cet acte-là était le plus condamnable de tous et nous aurait valu la mort, si nous avions été découverts. »

Il attendit un instant, se calma et alla se rasseoir.

« Quand j'ai compris ça, j'ai cessé de détester Guillaume. Je n'avais aucune raison de l'aimer non plus. Il avait obéi à sa nature et sa nature n'était pas humaine. C'était la seule excuse qu'il avait. Tandis que ceux qui nous envoyaient au massacre n'en avaient aucune. »

Jean-Christophe Rufin, *Le Collier rouge*, 2014, © Éditions Gallimard.

1. Convalescence : rétablissement.

DOCUMENT B **Une attaque française**

Extrait du film *Un long dimanche de fiançailles* (2004), de Jean-Pierre Jeunet. www.dailymotion.com/video/x939ag_un-long-dimanche-de-fiançailles-at_shortfilms (durée : 3'07)

Les réponses doivent être entièrement rédigées.

Sur le texte littéraire (document A)

▶ **1.** Qui sont les deux interlocuteurs et quel est le sujet de leur conversation ? *(3 points)*

▶ **2. a)** Comment sont rapportées les paroles des personnages ?
b) Pourquoi, à votre avis ? *(2 points)*

▶ **3.** Quels sont les qualités d'un bon soldat selon Morlac ?
Qui les possède ? Est-ce habituel ? *(3 points)*

▶ **4.** Quelle est l'opinion de Morlac sur la guerre ?
Avez-vous l'impression que le juge la partage ? *(2 points)*

▶ **5.** « [...] j'ai imaginé comment je m'en **débarrasserais** » (lignes 11-12).
a) Quel est le temps employé pour le verbe en gras ? *(1 point)*
❑ futur
❑ conditionnel présent
❑ imparfait
b) Justifiez son emploi. *(1 point)*

▶ **6.** Comment comprenez-vous l'expression « la grève de la guerre » (lignes 41-42) ? *(2 points)*

▶ **7.** Dans l'ensemble du texte, pouvez-vous nommer les sentiments successifs éprouvés par Morlac ? Appuyez-vous sur les gestes et les déplacements du personnage pour justifier votre interprétation. *(2 points)*

Sur le texte et l'image (documents A et B)

▶ **8.** Selon vous, quels sont les éléments qui rapprochent le document audiovisuel et le texte ? *(2 points)*

▶ **9.** Quelles impressions suscite en vous ce film ? Le texte a-t-il produit en vous les mêmes impressions ? Pourquoi ? *(2 points)*

2e partie • Français, rédaction et maîtrise de la langue (2 heures)

5. DICTÉE 5 POINTS

Le titre, la source de l'extrait et le nom « Lantier » sont écrits au tableau au début de la dictée.

Une décision difficile

Le prisonnier était épuisé par cette confession. Assis au bord de sa couche, il gardait les bras ballants et les yeux vagues. Son juge n'était pas plus alerte. Il éprouvait le besoin de sortir de cette pièce sans air, de marcher, de mettre de l'ordre dans ses idées. Depuis quatre jours qu'il enquêtait sur cette affaire, il était temps qu'il aboutisse à une conclusion ferme. Après tout, il ne fallait pas accorder à ce personnage et à son geste plus d'importance qu'ils n'en avaient.

Lantier était connu pour son aptitude à trancher, même dans les dossiers les plus délicats. Cette fois cependant, il n'y parvenait pas.

Jean-Christophe Rufin, *Le Collier rouge*, 2014, © Éditions Gallimard.

6. RÉÉCRITURE 5 POINTS

« C'était lui, le héros. C'est ça que j'ai pensé, voyez-vous. Pas seulement parce qu'il m'avait suivi au front et qu'il avait été blessé. Non, c'était plus profond, plus radical. Il avait toutes les qualités qu'on attendait d'un soldat. »

Réécrivez ce passage en remplaçant « lui » par « eux ». Vous ferez toutes les modifications nécessaires.

7. TRAVAIL D'ÉCRITURE 20 POINTS

Vous traiterez au choix le sujet A ou le sujet B. Votre rédaction sera d'une longueur minimale d'une soixantaine de lignes (300 mots environ).

Sujet A

Le juge Lantier a été touché par les paroles de Morlac. Imaginez la lettre que le juge, le soir même, va écrire à sa femme pour lui raconter son entrevue avec le prisonnier. Vous rendrez compte des faits et des réflexions personnelles du juge.

Sujet B

Vous avez dû, un jour, prendre une décision difficile. Racontez les circonstances qui rendaient ce choix malaisé, et expliquez les raisons pour lesquelles vous avez finalement choisi l'une des voies qui s'offraient à vous. Vous penserez à mentionner vos sentiments.

LES CLÉS DU SUJET

Analyser des documents • Géographie

Comprendre les documents

Les deux documents présentent le même phénomène à deux échelles différentes. Le document 1, à plus petite échelle, situe Disneyland Paris dans son environnement régional ; le document 2, à plus grande échelle, permet de voir le détail du phénomène. Fais attention à bien repérer, sur le document 1, où se situe ce qui est représenté sur le document 2.

Répondre aux questions

▶ **2.** et **3.** Quels sont les atouts de l'espace où se localise Disneyland Paris ? Pourquoi ce parc d'attractions s'est-il installé là plutôt qu'ailleurs ?

▶ **5.** Que te faudrait-il pour aller passer un week-end à Disneyland Paris ? Du temps libre, de l'argent, un moyen de transport ?

Maîtriser différents langages • Histoire

▶ **1.** Définis le terme « arrière » et les bornes chronologiques du sujet. Tu peux d'abord expliquer le rôle des populations, puis celui des autres ressources mobilisées. Efforce-toi de prendre en compte tout ce que recouvre le terme « arrière » : civils, gouvernements, presse, etc. Précise par qui et pourquoi il est mobilisé, et montre pourquoi c'est la première fois qu'il joue un rôle important.

Enseignement moral et civique

▶ **1.** et **2.** Les députés de l'Assemblée nationale sont élus au suffrage universel direct au cours des élections législatives organisées en France tous les cinq ans. Ils sont affiliés à des partis politiques. La Constitution de la Vᵉ République fixe l'organisation et le fonctionnement de l'État français.

▶ **3.** Tu dois montrer que les grands principes de la démocratie sont respectés en France. Certains sont mentionnés dans les documents (souveraineté du peuple, Constitution…). N'oublie pas les autres : séparation des pouvoirs, liberté de la presse, etc.

Questions • Français

Le texte littéraire (document A)

Le roman de J.-C. Rufin raconte le difficile retour à la vie civile des soldats de la guerre de 1914-1918. Morlac, considéré par erreur comme un héros, ne se remet pas de ses années de guerre. Dans ce passage clé, il explique son dégoût pour les honneurs militaires et les valeurs guerrières.

L'image (document B)

L'extrait du film *Un long dimanche de fiançailles* montre une scène de bataille, racontée par un soldat ayant eu la chance d'en réchapper. La mise en scène insiste sur la violence de l'affrontement entre les deux camps : les obus explosent, les soldats ont peur, la confusion règne. Survivre semble être une simple affaire de chance.

■ Travail d'écriture (sujet A)

Recherche d'idées

Tu dois raconter cette scène en changeant de point de vue : c'est le juge qui joue maintenant le rôle du narrateur dans une lettre à sa femme. On peut imaginer que le juge est en proie à un conflit intérieur : d'abord froid et impartial, il se prend peu à peu de sympathie pour le prisonnier.

Conseils de rédaction

Ne recopie pas telles quelles des phrases du texte : résume les paroles et rajoute les commentaires du juge sur ce qu'il a vu et ce qu'il a entendu. N'oublie pas qu'il s'agit d'une lettre privée, intime : donne des détails personnels pour créer l'illusion d'un véritable échange entre époux. Pense à mêler récit et réflexions personnelles : au fur et à mesure de la lettre, ces réflexions seront plus présentes.

■ Travail d'écriture (sujet B)

Recherche d'idées

Tu dois écrire un texte à la première personne, sans qu'il s'agisse forcément de raconter une expérience réellement vécue. Imagine simplement un épisode qui corresponde à ta situation : une décision d'orientation difficile ou un conflit de loyauté avec tes camarades, par exemple. Exprime d'abord ton malaise face à ce choix difficile, puis ton angoisse devant les conséquences de ta décision. Tu peux aussi mentionner un mélange d'espoir et de crainte.

Conseils de rédaction

Fais appel au vocabulaire des émotions et des sentiments : tu peux recourir au champ lexical de la peur, de la tristesse, mais aussi à celui de l'espoir. Emploie à la fois des noms (*malaise, détresse, optimisme*…), des adjectifs (*angoissé, accablé, confiant*…), des expressions (*je ressentais un profond malaise*, *l'angoisse m'étreignait*…). Ton texte sera écrit au passé, mais tu peux, dans une dernière phrase au présent, dire quel jugement tu portes aujourd'hui sur ces événements.

CORRIGÉ 2

1re partie • Analyse et interprétation de textes et documents, maîtrise des différents langages

1re période

1. ANALYSER DES DOCUMENTS • GÉOGRAPHIE

▶ **1.** Un visiteur venant de Paris utilisera la ligne de RER ou l'autoroute A4 ; un visiteur venant d'Allemagne profitera de l'interconnexion TGV ou de l'autoroute de l'Est ; un visiteur venant du Brésil arrivera à Paris par les aéroports internationaux de Roissy et d'Orly. Autrement dit, en fonction de la distance, chaque visiteur privilégiera un mode de transport différent.

▶ **2.** Disneyland Paris s'est installé à Marne-la-Vallée pour profiter de la présence d'une ville mondiale, à forte accessibilité, et donc d'un marché de clients potentiels à haut niveau de vie. La région parisienne compte 12 millions d'habitants. En outre, le parc profite de l'image mondiale de Paris qui figure chaque année parmi les trois villes les plus visitées au monde.

▶ **3.** L'espacement du bâti et la présence d'espaces verts montrent que Disneyland s'est implanté dans la grande couronne périurbaine de Paris. Une implantation plus proche de Paris n'aurait pas offert de telles réserves foncières à faible coût. On voit en effet sur la carte des espaces en blanc, c'est-à-dire encore disponibles pour d'éventuelles futures extensions.

▶ **4.** Les infrastructures de transport sont déterminantes dans le fonctionnement de cet espace : on voit que l'autoroute de l'Est est connectée au sud *via* un échangeur spécialement construit, dont le péage se trouve à l'intérieur du parc d'attraction, ce qui est également le cas de la gare TGV de Chessy-Marne-la-Vallée. Un parking géant, au nord, permet le stockage des véhicules à proximité immédiate des attractions.

Gagne des points
Tu dois exploiter le document : repère sur la carte les infrastructures dont tu parles.

▶ **5.** L'espace productif ici représenté est un espace productif touristique. Les deux critères déterminants pour le fonctionnement et la rentabilité de cet espace touristique sont la présence d'un marché de consommateurs à haut niveau de vie et l'accessibilité multimodale à haute performance du lieu (autoroute, LGV, RER, aéroports).

Rappel
L'adjectif « multimodal » renvoie aux différents modes de transport utilisés, chacun étant privilégié à une échelle donnée, par exemple l'aérien pour l'international (voir question 1).

2. MAÎTRISER DIFFÉRENTS LANGAGES • HISTOIRE

▶ **1.** Le terme « arrière » désigne, durant la Première Guerre mondiale, les espaces et populations qui ne sont pas en contact direct avec le front. Durant les quatre années (1914-1918) d'un conflit que tous les états-majors avaient annoncé court, mais qui s'éternise, les gouvernements des pays belligérants doivent, pour la première fois, mobiliser les civiles, d'une part, les ressources économiques, financières et politiques, d'autre part, pour soutenir le front.

Les civils jouent un rôle fondamental, non seulement pour nourrir et armer le front, mais aussi pour soutenir le moral des soldats. Les femmes et les travailleurs coloniaux remplacent dans les usines reconverties en industries d'armement les hommes partis au front. Les munitionnettes deviennent ainsi l'un des symboles de la mobilisation de l'arrière.

Les ressources agricoles sont réquisitionnées pour être acheminées sur le front, tandis que des emprunts sont lancés pour financer l'effort de guerre. Afin d'affermir le patriotisme de l'arrière, qui aide aussi les soldats à « tenir », les gouvernements utilisent le bourrage de crâne et la propagande qui diabolise l'ennemi.

Ainsi, l'arrière apparaît comme un élément essentiel de la guerre totale.

Conseil
Termine ton développement par une phrase de conclusion.

▶ **2.**

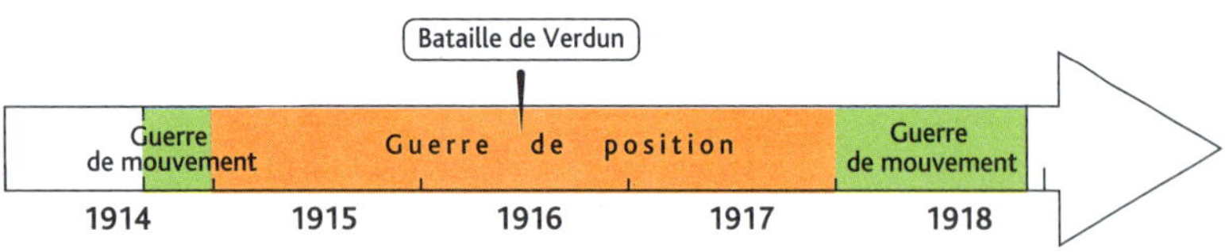

3. ENSEIGNEMENT MORAL ET CIVIQUE

▶ **1.** Les acteurs de la démocratie évoqués ici sont les électeurs, les partis politiques, le gouvernement et le Parlement (Assemblée nationale).

▶ **2.** Les citoyens jouent un rôle fondamental en élisant des représentants chargés de prendre les grandes décisions (gouverner le pays, décider de la loi). Leur participation est nécessaire au bon fonctionnement de la démocratie (des taux d'abstention trop élevés aux élections nuisent à la légitimité des élus) et permet aussi aux citoyens de se sentir impliqués dans la vie civique.

▶ **3.** La France est une démocratie, car les citoyens détiennent la souveraineté qu'ils expriment au moment des élections. Le pays est doté d'une Constitution qui organise la séparation des pouvoirs (exécutif, législatif et judiciaire). Elle garantit aussi l'existence des partis politiques et l'indépendance des médias pour permettre à toutes les opinions de s'exprimer. Les citoyens sont tous traités de la même façon et toutes les formes de discrimination sont interdites. Ils possèdent des droits (comme le droit de vote) et des devoirs (comme celui de payer leurs impôts).

Gagne des points
Tu peux aussi préciser ici que la France est une démocratie représentative, mais qu'il existe des mécanismes relevant de la démocratie directe (ex. : le référendum évoqué dans l'article 3 de la Constitution).

2e période

4. QUESTIONS • FRANÇAIS

▶ **1.** Un juge nommé Lantier interroge un prisonnier, Morlac, dans sa cellule. Morlac évoque son chien, le désir qu'il a eu de l'abattre, puis donne son opinion sur la guerre.

▶ **2. a)** Les paroles des personnages sont rapportées au discours direct. Les propos sont présentés tels qu'ils ont été prononcés.

b) Le discours direct provoque un effet de réel : le lecteur a l'impression d'assister directement à la conversation.

▶ **3.** Pour être un bon soldat, il est nécessaire d'être « loyal jusqu'à la mort, courageux, sans pitié avec les ennemis ». Or, selon Morlac, c'est Guillaume, son chien, qui possède toutes ces qualités, ce qui est bien sûr inhabituel. Un retournement est opéré : ces « qualités » n'existent que chez les bêtes ; en temps de guerre, pourtant, on attend la même chose des hommes.

▶ **4.** L'opinion de Morlac sur la guerre est très négative. Il déclare qu'être un bon soldat, c'est se comporter comme un animal. La guerre est donc vue comme une atrocité. Il est difficile de savoir si le juge partage son opinion. En tant que représentant de l'autorité militaire, il devrait condamner les propos de Morlac. Néanmoins, à aucun moment il ne contredit le prisonnier.

▶ **5. a)** Le verbe est conjugué au conditionnel présent.

b) Ce temps est employé pour exprimer le futur du passé : pendant sa convalescence (moment passé), Morlac a imaginé ce qu'il ferait au chien (moment futur).

▶ **6.** L'expression désigne le refus de combattre de la part des soldats dans les deux camps. Si les soldats refusent de s'affronter, leurs gouvernements devraient renoncer à la guerre. Les allitérations en *g* et *r* donnent de la force à l'expression.

> **Rappel**
> On appelle « allitération » la répétition d'un son dû à la présence de la même consonne.

▶ **7.** Au début, Morlac semble en colère, ce dont ses actes témoignent : il mord « méchamment » sa pomme, puis lance le trognon. La colère s'amplifie lorsqu'il expose précisément ses pensées (« C'était lui, le héros ») : il se déplace et se retourne « brutalement ». Cette agressivité se change en concentration quand il développe ses réflexions : il arrête de se déplacer, regarde un point fixe. La résignation l'emporte enfin lorsqu'il retourne s'asseoir.

▶ **8.** Le texte et le film font référence à la Première Guerre mondiale. Les deux documents insistent sur la violence des combats. Dans le film, les hommes se terrent dans les tranchées, terrifiés par les bruits d'obus, et tentent comme ils peuvent de se cacher ou de se protéger. La règle à laquelle ils obéissent relève de l'instinct : comme le dit le capitaine, il s'agit de tuer ou d'être tué. L'attaque montre alors des soldats massacrés comme des animaux à l'abattoir, idée reprise dans le texte de Rufin.

▶ **9.** Dans cette scène de film, c'est l'horreur qui domine, car les images sont fortes et cruelles : le bruit est assourdissant et les cadavres se multiplient. Le travelling dans les tranchées montre la multitude des hommes impliqués dans l'attaque. Le texte ne produit pas une impression d'horreur aussi immédiate. Mais on peut néanmoins ressentir, comme Morlac, un certain désespoir, puisque les hommes sont amenés à se conduire comme des bêtes.

> **Info +**
> On appelle « travelling » le déplacement de la caméra de cinéma placée sur un chariot glissant sur des rails. Dans l'extrait, la caméra recule pour montrer à quel point les hommes sont entassés dans des tranchées interminables.

2e partie • Français, rédaction et maîtrise de la langue

5. DICTÉE

POINT DE MÉTHODE

❶ Attention aux formes verbales terminées par le son [e] ou [ɛ]. Choisis la terminaison *-er* pour un verbe à l'infinitif (que l'on peut remplacer, en cas d'hésitation, par l'infinitif d'un verbe du 3e groupe comme *prendre*) ; la terminaison *-ait* ou *-aient* s'il s'agit d'un verbe à l'imparfait (que l'on peut conjuguer à une autre personne pour le reconnaître : *Il éprouvait* → *nous éprouvions*) ; la terminaison -é s'il s'agit d'un participe passé (que l'on peut remplacer par celui d'un verbe du 3e groupe comme vu).

❷ Repère la forme difficile *qu'ils n'en avaient* : le pronom *ils* est au pluriel, car il reprend *ce personnage* et *son geste* ; la négation *ne* se place avant le pronom *en* ; il n'y a pas de négation entre *en* et *avaient* (la prononciation s'explique par la simple liaison).

Le prisonnier était épuisé par cette confession. Assis au bord de sa couche, il gardait les bras ballants et les yeux vagues. Son juge n'était pas plus alerte. Il éprouvait le besoin de sortir de cette pièce sans air, de marcher, de mettre de l'ordre dans ses idées. Depuis quatre jours qu'il enquêtait sur cette affaire, il était temps qu'il aboutisse à une conclusion ferme. Après tout, il ne fallait pas accorder à ce personnage et à son geste plus d'importance **qu'ils n'en avaient**.

Lantier était connu pour son aptitude à trancher, même dans les dossiers les plus délicats. Cette fois cependant, il n'y parvenait pas.

6. RÉÉCRITURE

Les termes modifiés sont en couleur.

« C'était eux, les héros. C'est ça que j'ai pensé, voyez-vous. Pas seulement parce qu'ils m'avaient suivi au front et qu'ils avaient été blessés. Non, c'était plus profond, plus radical. Ils avaient toutes les qualités qu'on attendait d'un soldat. »

7. TRAVAIL D'ÉCRITURE

Voici un exemple de rédaction sur chacun des deux sujets.
Attention les indications entre crochets ne doivent pas figurer sur ta copie.

Sujet A

Beauval, le 20 août 1919

Ma chère Marie,

[Mise en contexte] Je me réjouis de savoir que je serai bientôt de retour près de toi. Je dois conclure l'affaire qui m'a amené ici dans deux jours au plus tard.

[Récit des faits] C'est un drôle de cas que celui qui m'occupe actuellement. Sans trahir le secret de l'instruction, laisse-moi te raconter ce dont il s'agit. Je me suis rendu à la prison pour interroger un certain Morlac, ancien combattant décoré de la Légion d'honneur. Je pensais rencontrer un héros. J'ai découvert un homme farouchement opposé à la guerre. Il m'a expliqué qu'il avait essayé de fraterniser avec l'ennemi, mais que par la faute de son chien sa tentative avait tourné au massacre. Morlac a pardonné son chien d'avoir fait échouer ses efforts de paix, car on ne peut pas en vouloir à une bête d'agir selon sa nature. Mais il n'a pas pardonné au gouvernement de nous avoir obligés à nous comporter, nous, des humains, en bêtes, pendant cette terrible guerre.

[Réflexions personnelles] Au début je ne voulais qu'une chose : le faire parler et terminer mon interrogatoire au plus vite. Mais ce parallèle entre les hommes et les animaux m'a profondément troublé. Petit à petit j'ai compris sa position, et je te l'avoue, j'ai même partagé son amertume. Pendant qu'il parlait et déambulait dans sa cellule, j'ai moi aussi ressenti cette désillusion profonde, au souvenir de tous mes camarades tombés dans les tranchées. Mais je suis juge, j'incarne la loi, je représente l'autorité militaire. Pourtant, aujourd'hui, comment pourrais-je juger, et encore moins condamner, un homme en qui je reconnais un frère ? Je n'ai jamais reculé devant une décision difficile, tu le sais bien, mais j'ai besoin de te confier ces pensées qui me tourmentent tant.

> **Conseil**
> Pense à utiliser des connecteurs temporels pour montrer les réflexions successives qu'inspirent au juge les propos de Morlac.

Ton époux bien-aimé,

Louis

Sujet B

[Présentation de la situation] Il y a quelques mois, j'ai dû prendre une décision difficile concernant mon orientation. Deux solutions étaient possibles : faire une seconde générale dans mon lycée de secteur, ou intégrer le conservatoire de musique et faire un double cursus scolaire et artistique. C'était mon professeur de batterie qui m'avait parlé de cette possibilité. Ça faisait longtemps que j'en jouais, et j'aimais vraiment cela.

[Exposition du dilemme] J'étais très indécis, car des deux côtés il y avait des avantages et des inconvénients. Plus j'y réfléchissais, plus l'angoisse montait. Je connaissais déjà le lycée d'à côté et je savais que j'y retrouverais mes meilleurs amis. Seulement je tournais déjà un peu en rond dans ma petite ville. Mais choisir le conservatoire, cela signifiait partir en internat, ne connaître personne là-bas… Peut-être aurais-je du mal à m'y faire des amis. Le cœur serré, je m'imaginais déambulant d'un air triste dans les couloirs, pendant qu'on chuchoterait sur mon passage : « Regarde, c'est le nouveau ! » Et puis bien sûr, si je choisissais l'internat, il faudrait travailler deux fois plus.

J'avais donc le choix entre une solution séduisante mais effrayante, et une solution rassurante mais ennuyeuse. Totalement paniqué, j'avais désormais du mal à trouver le sommeil.

[Solution choisie] Un matin, pourtant, tout m'a semblé beaucoup plus clair : ce choix dont je me faisais une montagne, n'était pas forcément définitif. Je pouvais intégrer le conservatoire l'année prochaine… et revenir à la maison l'année suivante si c'était trop dur. J'ai donc annoncé ma décision à mes parents : le conservatoire ! Je sais, même si je suis mort de peur, que j'ai fait le bon choix.

Note bien
Pour raconter cette expérience, tu dois utiliser principalement les temps du passé : en plus de l'imparfait, privilégie le passé composé plutôt que le passé simple.

SUJET 3

Sujet inédit • Se raconter, se représenter
50 points

Autoportraits

Ce sujet regroupe tous les exercices de français de la 2de épreuve écrite.

1re partie • Analyse et interprétation de textes et de documents (1 heure)

DOCUMENT A Texte littéraire

À trente-quatre ans, Michel Leiris écrit son autobiographie qui débute par ce portrait de lui-même.

Je viens d'avoir trente-quatre ans, la moitié de la vie. Au physique, je suis de taille moyenne, plutôt petit. J'ai des cheveux châtains coupés court afin d'éviter qu'ils ondulent, par crainte aussi que ne se développe une calvitie[1] menaçante. Autant que je puisse en juger, les traits caractéristiques de ma physionomie sont : une nuque très droite, tombant verticalement comme une muraille ou une falaise, marque classique (si l'on en croit les astrologues) des personnes nées sous le signe du Taureau, un front développé, plutôt bossué, aux veines temporales[2] exagérément noueuses et saillantes. Cette ampleur de front est en rapport (selon le dire des astrologues) avec le signe du Bélier ; et en effet je suis né un 20 avril, donc aux confins de ces deux signes : le Bélier et le Taureau. Mes yeux sont bruns, avec le bord des paupières habituellement enflammé ; mon teint est coloré ; j'ai honte d'une fâcheuse tendance aux rougeurs et à la peau luisante. Mes mains sont maigres, assez velues, avec des veines très dessinées ; mes deux majeurs, incurvés vers le bout, doivent dénoter quelque chose d'assez faible ou d'assez fuyant dans mon caractère.

Ma tête est plutôt grosse pour mon corps ; j'ai les jambes un peu courtes par rapport à mon torse, les épaules trop étroites relativement aux hanches. Je marche le haut du corps incliné en avant ; j'ai tendance, lorsque je suis assis, à me tenir le dos voûté ; ma poitrine n'est pas très large et je n'ai guère de muscles. J'aime à me vêtir avec le maximum d'élégance ; pourtant à cause des défauts que je viens de relever dans ma structure et de mes moyens qui, sans que je puisse me dire pauvre, sont plutôt limités, je me juge d'ordinaire profondément inélégant ; j'ai horreur de me voir à l'improviste dans une glace car, faute de m'y être préparé, je me trouve à chaque fois d'une laideur humiliante.

Michel Leiris, *L'Âge d'homme*, 1939, in *L'Âge d'homme* précédé de *De la littérature comme une tauromachie* © Éditions Gallimard.

1. Calvitie : absence de cheveux.
2. Veines temporales : veines des tempes.

DOCUMENT B **Francis Bacon, *Autoportrait*, 1973**

Dans ce tableau du peintre Francis Bacon (1909-1992), l'autoportrait se veut à la fois physique et moral.

QUESTIONS 20 POINTS

Les réponses doivent être entièrement rédigées.

Sur le texte littéraire (document A)

▶ **1.** S'agit-il d'un portrait physique ou d'un portrait moral ? Étudiez sa construction. *(3 points)*

▶ **2.** Quels sont les outils de la description utilisés dans ce texte ? Cochez la ou les bonnes réponses. *(2 points)*

❑ L'imparfait.
❑ La comparaison.
❑ La métaphore.
❑ Les adjectifs.

▶ **3. a)** Relevez trois marques des sentiments ou du jugement du narrateur. *(3 points)*
b) Expriment-elles le doute ou la certitude ? *(1 point)*

▶ **4.** Ce portrait vous semble-t-il flatteur ? Comment l'auteur se juge-t-il ? *(3 points)*

Sur le texte et l'image (documents A et B)

▶ **5.** Quelle impression ce texte produit-il sur vous ? *(3 points)*

▶ **6. a)** Quelle impression suscite en vous le tableau de Francis Bacon ? *(2,5 points)*
b) Quels sont les éléments qui rapprochent le texte et l'image ? *(2,5 points)*

2de partie • Rédaction et maîtrise de la langue (2 heures)

DICTÉE 5 POINTS

Le titre et la source de l'extrait, ainsi que le mot « ethnographe » sont écrits au tableau au début de la dictée.

Michel Leiris
L'Âge d'homme, 1939
© Éditions Gallimard

Un bonheur impossible

Bien qu'obligé de travailler (à une besogne d'ailleurs peu pénible, puisque mon métier d'ethnographe est assez conforme à mes goûts) je dispose d'un certain confort ; je jouis d'une assez bonne santé ; je ne manque pas d'une relative liberté et je dois, à bien des égards, me ranger parmi ceux qu'il est convenu de nommer les « heureux de la vie ». Pourtant, il y a peu d'événements dans mon existence que je puisse me rappeler avec quelque satisfaction, j'éprouve de plus en plus nettement la sensation de me débattre dans un piège et – sans aucune exagération littéraire – il me semble que je suis *rongé*.

RÉÉCRITURE — 5 POINTS

« J'aime à me vêtir avec le maximum d'élégance ; pourtant à cause des défauts que je viens de relever dans ma structure et de mes moyens qui, sans que je puisse me dire pauvre, sont plutôt limités, je me juge d'ordinaire profondément inélégant [...] »

Réécrivez ce passage en commençant par *nous*. Vous ferez toutes les modifications nécessaires.

TRAVAIL D'ÉCRITURE — 20 POINTS

Vous traiterez au choix le sujet A ou le sujet B.
Votre rédaction sera d'une longueur minimale d'une soixantaine de lignes (300 mots environ).

Sujet A

Rédigez votre autoportrait. Votre texte, écrit au présent et à la première personne du singulier, comportera des notations physiques et des considérations psychologiques.

Sujet B

Pensez-vous que le monde dans lequel vous vivez aujourd'hui accorde une trop grande importance à l'apparence physique ? Vous présenterez votre réflexion dans un développement argumenté et organisé.

LES CLÉS DU SUJET

■ Les documents

Le texte littéraire (document A)

L'autobiographie de Michel Leiris commence par cet autoportrait, pour le moins surprenant, car très dévalorisant pour son auteur. Dès la première page, la curiosité du lecteur est ainsi éveillée. On peut s'interroger sur la sincérité de ce portrait, dont Picasso, ami de Michel Leiris, aurait dit que le plus grand ennemi de l'auteur n'aurait pas pu faire pire.

Le tableau (document B)

Le peintre britannique Francis Bacon (1909-1992), autre ami de Michel Leiris, a peint de nombreux autoportraits, où il se représente défiguré. Celui-ci, daté de 1973, est marqué par la déformation du lieu et du personnage.

■ Travail d'écriture (Sujet A)

Recherche d'idées

Tu dois décrire ton apparence et ton caractère. Pense à ce que tes proches, amis ou membres de la famille, disent lorsqu'ils parlent de toi. Mentionne tes qualités, mais pas seulement : pour être vraisemblable et crédible, ton autoportrait doit aussi mentionner des défauts, physiques ou moraux.

Conseils de rédaction

Tu peux t'inspirer de la progression que suit l'autoportrait de Michel Leiris pour construire ton devoir : commence par des considérations générales (âge, taille, cheveux), puis attarde-toi sur la description physique (visage et corps). Tu peux intercaler des notations psychologiques, ou bien leur consacrer une partie indépendante. Pense à utiliser des comparaisons : *grand comme…*, *aussi brune que…*

■ Travail d'écriture (Sujet B)

Recherche d'idées

Cherche les raisons pour lesquelles l'apparence physique joue souvent un rôle important : la beauté est attirante et influence le jugement ; l'apparence, par le choix des vêtements notamment, trahit souvent des traits de caractère. Réfléchis ensuite aux problèmes que cela peut poser : l'apparence doit parfois plus à la mode qu'au caractère ; on peut passer à côté des qualités morales d'un individu si on ne s'intéresse qu'à son physique.

Conseils de rédaction

Tu peux mener ta réflexion en deux temps : explique d'abord pourquoi l'apparence physique joue un grand rôle aujourd'hui, et développe ensuite les raisons pour lesquelles il ne faut pourtant pas lui accorder une trop grande importance. Cherche des exemples tirés de ta vie personnelle, de tes lectures ou de films que tu as vus.

CORRIGÉ 3

1re partie • Analyse et interprétation de textes et de documents

QUESTIONS

▶ **1.** Le portrait est au premier abord essentiellement **physique**, et suit un certain ordre : il commence par des notations générales (taille, cheveux), puis s'intéresse au visage (nuque, front, yeux, teint), et enfin au corps (mains, jambes, épaules, hanches, posture, habillement). Mais les considérations physiques débouchent souvent sur des **caractéristiques morales ou psychologiques** : l'auteur a honte de sa tendance aux rougeurs, ses majeurs dénotent « quelque chose d'assez faible ou d'assez fuyant dans [son] caractère », et le choix de ses vêtements révèle des traits de caractère précis (« j'aime à…, j'ai horreur de… »).

▶ **2.** La description repose principalement sur l'emploi d'**adjectifs**. On note également la présence d'une **comparaison** (« comme une muraille »).

▶ **3. a)** Les marques des sentiments ou du jugement du narrateur sont nombreuses : on peut notamment relever des verbes d'opinion (« autant que je puisse en juger ») et des adverbes (« trop », « plutôt »).

b) Ces modalisateurs expriment plus le **doute** que la certitude.

▶ **4.** C'est un portrait **peu flatteur**, comme en témoignent de nombreux adjectifs péjoratifs : « front *bossué*, veines *saillantes*, peau *luisante*, mains *velues*, dos *voûté* ». Le champ lexical de la **petitesse** (« petit, maigres, courtes, étroites, guère de, pas très large ») insiste sur la faiblesse du corps. Les **notations psychologiques** sont elles aussi très **dévalorisantes** : « fuyant, faible, inélégant, humiliante ». Ce n'est donc pas un portrait nuancé.

▶ **5.** On peut éprouver une certaine **pitié** pour cet homme qui se présente sous un jour si défavorable. Mais il faut également **s'interroger sur la sincérité** de ce portrait : l'auteur n'essaierait-il pas de désamorcer les critiques en les devançant ? Ou peut-être essaie-t-il de surprendre son lecteur en offrant dès la première page une image si étonnante de lui-même ? Les références amusées à l'astrologie, qui offrent une **parenthèse humoristique** inattendue, indiquent qu'il ne faut peut-être pas prendre totalement au sérieux ce portrait aussi sombre.

▶ **6. a)** L'autoportrait de Francis Bacon peut provoquer une **impression dérangeante** : la déformation des traits, des ombres, de l'espace accentue la tonalité triste de la représentation, sans pourtant éveiller la compassion.

b) Le texte peut **être rapproché** de l'autoportrait de Francis Bacon, puisqu'il s'agit dans les deux cas de montrer une intériorité laide et dérangeante, propre à frapper le lecteur ou le spectateur. Ces autoportraits sont à lire comme **la transcription fidèle d'un état d'esprit** (subjectivité) **et non comme la reproduction de la réalité** (objectivité).

Info +
Francis Bacon a peint un portrait de Michel Leiris, caractérisé lui aussi par la déformation des traits du visage.

2de partie • Rédaction et maîtrise de la langue

DICTÉE

POINT MÉTHODE

1 Attention à la **terminaison [e]**, qui peut correspondre à un infinitif en *–er* ou à un participe passé (employé comme adjectif) en *–é*. S'il s'agit d'un infinitif, alors tu peux le remplacer par un verbe du 3e groupe à l'infinitif : *je dois me ranger → je dois me voir*.

2 Sois attentif à quelques **homophones** : *ce* (que tu peux remplacer par *le* si c'est un déterminant, et par *ceci* si c'est un pronom) et *ceux* (pronom que tu peux remplacer par *celles-là*) ; *quelque* (déterminant indéfini que tu peux remplacer par *une certaine*) et *quel que* (locution suivie du verbe être au subjonctif).

3 Mémorise l'orthographe de ces **mots invariables** : *d'ailleurs, puisque* (en un seul mot, contrairement à *parce que*), *parmi*.

Bien qu'obligé de travailler (à une besogne d'ailleurs peu pénible, puisque mon métier d'ethnographe est assez conforme à mes goûts) je dispose d'un certain confort ; je jouis d'une assez bonne santé ; je ne manque pas d'une relative liberté et je dois, à bien des égards, me ranger parmi ceux qu'il est convenu de nommer les « heureux de la vie ». Pourtant, il y a peu d'événements dans mon existence que je puisse me rappeler avec quelque satisfaction, j'éprouve de plus en plus nettement la sensation de me débattre dans un piège et – sans aucune exagération littéraire – il me semble que je suis *rongé*.

RÉÉCRITURE

Les modifications sont mises en couleur.

« **Nous aimons** à **nous** vêtir avec le maximum d'élégance ; pourtant à cause des défauts que **nous venons** de relever dans **notre** structure et de **nos** moyens qui, sans que **nous puissions nous** dire **pauvres**, sont plutôt limités, **nous nous jugeons** d'ordinaire profondément **inélégants** [...] »

TRAVAIL D'ÉCRITURE

Voici un exemple de rédaction sur chacun des deux sujets.
Attention les titres en couleur ne doivent pas figurer sur ta copie.

Sujet A

[Présentation générale] Je viens d'avoir quatorze ans. Je suis donc dans cette période de la vie parfois difficile que l'on nomme l'adolescence. Je suis un peu plus **grande** que la majorité des filles de ma classe, mais mes parents étant plutôt petits, je pense qu'elles me rattraperont bientôt. Mes cheveux, **longs**, sont **bruns**.

> **Remarque**
> L'autoportrait relève de la description. À ce titre, les adjectifs qualificatifs y sont nombreux.

[Caractéristiques physiques amenant des considérations psychologiques]. Mon visage, plutôt **rond**, est assez agréable. Mais une myopie sévère, diagnostiquée très tard, m'oblige à porter des lunettes, ce que je déteste. Cela aurait pu être pire néanmoins : j'aurais pu, comme mon frère, porter un appareil dentaire ; aurait-on encore remarqué mes yeux si j'avais eu le visage bardé de métal ? Mes yeux, au dire de mes parents, sont plutôt **jolis**, bien que d'une couleur assez banale, marron. J'ai naturellement la peau **pâle**. À cause de ce visage **rond** et **blanc**, mon aîné m'a pendant des années appelée « face de lune », ce qui avait le don de m'agacer prodigieusement. Je me mets facilement en colère, notamment contre lui, mais je n'ai pas toujours le dessus dans nos disputes. Je ne suis ni **enrobée** ni trop **maigre**. Ce qui me déplaît le plus dans mon corps, ce sont mes mains : **massives**, **carrées**, **noueuses**, elles évoquent le travail manuel d'un ouvrier ou d'un paysan, et ne permettent à personne de me considérer comme une jeune fille délicate et distinguée.

[Portrait uniquement moral] Certaines personnes me trouvent **distante** et un peu **hautaine** : elles ont tort. C'est ma timidité qui donne parfois cette impression, car j'ai horreur de me retrouver avec des gens que je ne connais pas, et je ne suis jamais à l'aise pour converser avec des inconnus. Avec mes amis en revanche, je sais être **amusante** et **volubile**. Je sais aussi les conseiller lorsqu'ils ont des problèmes et j'espère être toujours là pour les soutenir.

Sujet B

[Introduction] L'apparence physique joue un rôle primordial dans notre vie d'aujourd'hui. Elle est ce qu'on perçoit en premier chez l'autre. Mais peut-être lui attache-t-on trop d'importance, au détriment d'autres aspects plus significatifs des qualités d'autrui. Nous étudierons d'abord les raisons pour lesquelles l'apparence physique joue un si grand rôle ; nous expliquerons ensuite pourquoi le poids de l'apparence ne devrait pas être prépondérant.

[L'apparence physique joue un grand rôle] L'apparence physique est très importante. On peut être attiré par certaines personnes rien que par leur apparence. Avoir un physique avantageux permet de nouer plus facilement des liens amicaux ou amoureux. En effet il n'est pas rare, à l'adolescence, de s'éprendre sincèrement d'une personne à qui l'on n'a jamais parlé, mais dont l'apparence nous séduit. Les choix vestimentaires sont également fondamentaux : ils révèlent à la fois l'origine sociale, les goûts et les préoccupations des gens qui les portent. Des vêtements excentriques, recherchés, dénotent une personnalité qui veut affirmer sa différence. Ainsi l'apparence physique joue un rôle primordial dans notre vie sociale en nous poussant à faire la connaissance de telle ou telle personne.

[Mais ce rôle ne doit pas être prépondérant] Mais peut-être accorde-t-on une trop grande importance à l'apparence physique, en négligeant d'autres aspects essentiels des gens que l'on rencontre. Les vêtements choisis, par exemple, reflètent souvent plus une soumission à la mode dominante qu'un aspect de la personnalité. En outre, un être humain ne se réduit jamais à son apparence physique. Une allure austère peut cacher une personnalité amusante. Un visage séduisant peut masquer une intelligence médiocre. C'est le cas dans la pièce d'Edmond Rostand, *Cyrano de Bergerac*, où l'héroïne s'éprend du beau garçon et l'imagine paré de qualités morales et intellectuelles qu'il n'a pas.

[Conclusion] On ne peut nier que l'apparence physique joue un rôle prépondérant dans l'appréciation que l'on peut se faire d'une personne. Je trouve néanmoins, pour ma part, que le poids de l'apparence est démesuré, et nous fait souvent passer à côté de qualités bien plus essentielles chez autrui.

Conseil
Il est préférable de terminer ton devoir de réflexion par le point de vue que tu souhaites défendre.

SUJET 4

Sujet inédit • Se raconter, se représenter

50 points

Père et fille

Ce sujet regroupe tous les exercices de français de la 2de épreuve écrite.

1re partie • Analyse et interprétation de textes et de documents (1 heure)

DOCUMENT A Texte littéraire

Dans cet ouvrage, Annie Ernaux retrace la vie de son père, ouvrier peu cultivé qui, en achetant un café-épicerie dans une ville de province, accède au statut de petit-commerçant.

Sous le bonheur, la crispation de l'aisance gagnée à l'arraché. *Je n'ai pas quatre bras. Même pas une minute pour aller au petit endroit. La grippe, moi, je la fais en marchant.* Etc. Chant quotidien.

Comment décrire la vision d'un monde où tout *coûte cher*. Il y a l'odeur du linge frais d'un matin d'octobre, la dernière chanson du poste qui bruit dans la tête. Soudain ma robe s'accroche par la poche à la poignée du vélo, se déchire. Le drame, les cris, la journée est finie. « Cette gosse ne *compte* rien ! »

Sacralisation obligée des choses. Et sous toutes les paroles, des uns et des autres, les miennes, soupçonner des envies et des comparaisons. Quand je disais, « il y a une fille qui a visité les châteaux de la Loire », aussitôt, fâchés, « Tu as bien le temps d'y aller. Sois heureuse avec ce que tu as ». Un manque continuel, sans fond.

Mais désirer pour désirer, car ne pas savoir au fond ce qui est beau, ce qu'il faudrait aimer. Mon père s'en est toujours remis aux conseils du peintre, du menuisier, pour les couleurs et les formes, *ce qui se fait*. Ignorer jusqu'à l'idée qu'on puisse s'entourer d'objets choisis un par un. Dans leur chambre, aucune décoration, juste des photos encadrées, des napperons fabriqués pour la fête des mères, et sur la cheminée, un grand buste d'enfant en céramique, que le marchand de meubles avait joint en prime pour l'achat d'un *cosy-corner*[1].

La peur d'être *déplacé*, d'avoir honte. Un jour, il est monté par erreur en première avec un billet de seconde. Le contrôleur lui a fait payer le supplément. Autre souvenir de honte : chez le notaire, il a dû écrire le premier « lu et approuvé », il ne savait pas comment orthographier, il a choisi « à prouver ». Gêne, obsession de cette faute, sur la route du retour. L'ombre de l'indignité. [...]

Devant les personnes qu'il jugeait importantes, il avait une raideur timide, ne posant jamais aucune question. Bref, se comportant avec intelligence. Celle-ci consistait à percevoir notre infériorité et à la refuser en la cachant du mieux possible. Toute une soirée à nous demander ce que la directrice avait bien pu vouloir dire par : « Pour ce rôle, votre petite fille sera en *costume de ville.* » Honte d'ignorer ce qu'on aurait forcément su si nous n'avions pas été ce que nous étions, c'est-à-dire des inférieurs.

Obsessions : « *Qu'est-ce qu'on va penser de nous ?* » (les voisins, les clients, tout le monde).

Règle : déjouer constamment le regard critique des autres, par la politesse, l'absence d'opinion, une attention minutieuse aux humeurs qui risquent de vous atteindre. [...]

Je dis souvent « nous » maintenant, parce que j'ai longtemps pensé de cette façon et je ne sais pas quand j'ai cessé de le faire.

Annie Ernaux, *La Place*, 1983, © Éditions Gallimard.

1. *Cosy-corner* : meuble d'angle composé d'un lit encastré dans des étagères.

DOCUMENT B ***Daddy*, Niki de Saint-Phalle et Peter Whitehead**

Cette photo est tirée du film Daddy *que l'artiste Niki de Saint-Phalle a réalisé en collaboration avec Peter Whitehead en 1973, où elle explore la relation entre un père et sa fille. Dans la dernière scène du film, l'artiste tire à la carabine sur une silhouette représentant son père.*

QUESTIONS — 20 POINTS

Les réponses doivent être entièrement rédigées.

Sur le texte littéraire (document A)

▶ **1.** Qui est la narratrice de ce texte ? Que pouvez-vous en déduire sur le genre de l'œuvre dont il est extrait ? *(2 points)*

▶ **2.** Pour quelle raison certaines expressions sont en italique dans le premier paragraphe ? À quel niveau de langue appartiennent-elles ? Que mettent-elles en évidence ? *(1,5 point)*

▶ **3. a)** Relevez précisément les différentes préoccupations parentales mentionnées tout au long du texte. *(2 points)*
b) Quel est le sentiment qui donne naissance à toutes ces préoccupations ? *(1 point)*

▶ **4.** « La peur d'être *déplacé*, d'avoir honte. » (ligne 22) *(1,5 point)*
a) Comment le mot en italique est-il construit ?
b) Que signifie-t-il généralement ?
c) Quel sens précis prend-il dans ce texte ?

▶ **5.** « Soudain ma robe s'accroche par la poche [...] » (ligne 6)/« Je dis souvent "nous" maintenant [...] » (ligne 41)
a) Quel est le temps et le mode dans ces phrases ? *(0,5 point)*
b) Justifiez son emploi dans la première phrase, puis dans la seconde. *(2 points)*

▶ **6.** Expliquez l'épisode qui s'est déroulé chez le notaire. Quels sont les traits de caractère du père ainsi mis en évidence ? *(2 points)*

▶ **7.** « Sacralisation obligée des choses. » (ligne 9) *(1,5 point)*
a) Quelle est la particularité syntaxique de cette phrase ?
b) Relevez une autre phrase construite de la même manière.
c) Pourquoi, selon vous, ce procédé est-il employé à plusieurs reprises ?

▶ **8.** À votre avis, la narratrice partage-t-elle la manière de penser des parents ? Justifiez votre réponse à l'aide du texte. *(2 points)*

Sur le texte et l'image (documents A et B)

▶ **9.** Selon vous, quels sont les éléments qui permettent de rapprocher la photo et le texte ? *(2 points)*

▶ **10.** Quelles impressions suscitent en vous cette photo ? Le texte a-t-il produit en vous les mêmes impressions ? Pourquoi ? *(2 points)*

2de partie • Rédaction et maîtrise de la langue (2 heures)

DICTÉE — 5 POINTS

Le titre, la source de l'extrait et le mot « châtié » sont écrits au tableau au début de la dictée. Le pronom « je » désigne la narratrice.

Annie Ernaux
La Place, 1983
© Éditions Gallimard

Le langage de la souffrance

Enfant, quand je m'efforçais de m'exprimer dans un langage châtié, j'avais l'impression de me jeter dans le vide. Une de mes frayeurs imaginaires, avoir un père instituteur qui m'aurait obligée à bien parler sans arrêt, en détachant les mots. On parlait avec la bouche.

Puisque la maîtresse me reprenait, plus tard j'ai voulu reprendre mon père [...]. Il est entré dans une violente colère. Une autre fois : « Comment voulez-vous que je ne me fasse pas reprendre, si vous parlez mal tout le temps ! » Je pleurais. Il était malheureux. Tout ce qui touche au langage est dans mon souvenir motif de rancœur [...], bien plus que l'argent.

RÉÉCRITURE — 5 POINTS

« Je dis souvent "nous" maintenant, parce que j'ai longtemps pensé de cette façon et je ne sais pas quand j'ai cessé de le faire. »

Réécrivez ce passage en remplaçant *je* par *ils*. Vous ferez toutes les modifications nécessaires.

TRAVAIL D'ÉCRITURE — 20 POINTS

Vous traiterez au choix le sujet A ou le sujet B.
Votre rédaction sera d'une longueur minimale d'une soixantaine de lignes (300 mots environ).

Sujet A

Vous avez, un jour, eu honte du comportement d'un de vos proches, que vous avez jugé « déplacé ». Racontez cet épisode, en insistant particulièrement sur les sentiments ressentis à cette occasion. Vous penserez également à mentionner le regard que vous portez aujourd'hui sur cet événement passé.

Sujet B

À votre avis, quelles raisons peuvent pousser un adolescent à vouloir se différencier totalement de ses parents ? Vous présenterez votre réflexion de manière structurée, dans un texte organisé en paragraphes.

LES CLÉS DU SUJET

■ Les documents

Le texte littéraire (document A)

Annie Ernaux écrit ce court roman peu après la mort de son père. Celui-ci, d'origine sociale modeste, espérait que sa fille serait *mieux que lui*. Mais l'écart entre eux s'est creusé au fur et à mesure que la jeune Annie accomplissait les ambitions paternelles en poursuivant des études. Cette distance qui grandit entre eux est un des thèmes essentiels de ce récit autobiographique.

La photographie (document B)

Niki de Saint Phalle (1930-2002) est une artiste française célèbre pour ses sculptures gigantesques et colorées. Le film *Daddy*, réalisé en 1973, est souvent présenté comme un règlement de compte entre l'artiste et son père.

■ Travail d'écriture (Sujet A)

Recherche d'idées

Imagine une situation où l'un de tes parents (ou frères et sœurs), alors que vous vous trouviez en public, s'est comporté de manière inadaptée à la situation. Tu peux choisir différents cadres à ton histoire : une rencontre avec des professeurs, ou avec les parents d'un de tes amis par exemple.

Conseils de rédaction

Ton devoir comportera trois paragraphes. Dans le premier, tu préciseras le lieu, l'époque et les personnages concernés. Dans le deuxième, tu décriras le comportement que tu as jugé déplacé, en insistant sur tes sentiments. Dans le dernier, tu mentionneras le regard rétrospectif que tu portes aujourd'hui sur cet événement.

■ Travail d'écriture (Sujet B)

Recherche d'idées

Dresse la liste des raisons qui peuvent pousser un adolescent à vouloir se démarquer radicalement de ses parents : l'envie de se sentir indépendant et autonome, le désir d'intégrer un groupe dont il se sent proche par l'âge et les goûts, le rejet d'un modèle dans lequel il ne se reconnaît pas.

Conseils de rédaction

Après l'introduction, dans laquelle tu reformuleras le sujet, tu dois consacrer un paragraphe à chaque idée. Chacune de ces idées doit être expliquée et illustrée par un exemple détaillé, tiré de ton expérience personnelle, de ta culture générale ou de tes lectures. Tu peux, en conclusion, t'efforcer d'élargir la réflexion.

CORRIGÉ 4

1re partie • Analyse et interprétation de textes et de documents

QUESTIONS

▶ **1.** La narratrice est la fille d'un couple de petits commerçants de province. Des souvenirs d'enfance sont mentionnés (« un jour d'octobre… »). Un regard rétrospectif est aussi porté sur ces événements (« j'ai longtemps pensé de cette façon »). Ces éléments, ainsi que l'emploi du pronom « je » et les précisions du paratexte, indiquent qu'il s'agit d'un **texte autobiographique**.

> **Zoom**
> Une autobiographie est un texte où l'auteur raconte sa propre vie, à la première personne et de manière rétrospective, sans chercher à enjoliver ses souvenirs.

FRANÇAIS

▶ **2.** Les expressions en italique dans le premier paragraphe ressemblent à des **citations**, à des phrases entendues maintes fois par la narratrice durant son enfance. D'un **niveau de langue oral et familier**, elles soulignent le faible niveau d'instruction de la famille, l'insistance sur le travail à faire et l'absence de moments de détente.

▶ **3. a)** Les préoccupations parentales présentées sont les suivantes : ne pas gaspiller l'argent, ne pas envier les autres, ne pas avoir de désir véritable, avoir peur de mal faire, avoir honte de ne pas savoir, craindre le regard de l'autre.

> **Conseil**
> Tu peux ajouter que ces préoccupations sont essentiellement présentées sur un mode négatif.

b) Le **sentiment de manque** est le point de départ de toutes ces préoccupations. Toute la vie familiale semble assujettie à ce sentiment : dans la famille de la narratrice, on manque de temps, d'argent, de désir, de connaissances et de vocabulaire.

▶ **4. a)** Le mot *déplacé* est construit à l'aide du préfixe privatif *dé–*, suivi du radical *plac–*, auquel on a rajouté le suffixe *–é* servant à former l'adjectif.

b) « Déplacé » signifie « qui a changé d'endroit », « qui n'est plus à sa place ».

c) Le mot garde son **sens littéral** dans le texte : le père, en délaissant son milieu social d'origine, n'est plus à sa place, à l'endroit où il est né. Il prend aussi son **sens figuré** : le père craint d'avoir un comportement inadapté, malvenu ou grossier.

▶ **5. a)** Dans ces deux phrases, les verbes sont conjugués au **présent de l'indicatif**.

b) Dans la première phrase, ce temps est utilisé pour raconter un souvenir passé : c'est un **présent de narration**. Dans la seconde, ce temps fait référence au moment de l'écriture : c'est du **présent de l'énonciation**.

▶ **6.** N'ayant jamais eu l'occasion d'employer la formule juridique « lu et approuvé », le père, alors qu'il se trouve chez le notaire, choisit une autre orthographe. Sa bévue l'obsède sur le chemin du retour. L'épisode permet de mieux comprendre le caractère du père : il a honte de son ignorance.

▶ **7. a)** Il s'agit d'une **phrase nominale**, sans verbe.

b) On peut relever d'autres phrases construites selon le même procédé : « Chant quotidien », « Un manque continuel, sans fond », « L'ombre de l'indignité ».

c) Ce procédé peut donner à ces énoncés la valeur d'une vérité, d'un **jugement** rendu par la narratrice. Il peut aussi, par l'économie de mots qu'il implique, rappeler la mentalité familiale où *tout compte*.

▶ **8.** L'emploi du pronom personnel *nous*, dans lequel la narratrice s'inclut, indique qu'elle partageait cet état d'esprit de manque perpétuel lorsqu'elle vivait avec ses parents. Mais la dernière phrase de l'extrait précise que cela a ensuite changé : « [...] j'ai longtemps pensé de cette façon et je ne sais pas quand j'ai cessé de le faire. »

▶ **9.** Le texte et la photo traitent tous deux des **rapports entretenus entre un père et sa fille**. Dans les deux documents, ce rapport n'est pas envisagé sur le mode de la tendresse. Une différence est néanmoins indéniable : dans le texte, la fille semble partager la souffrance paternelle ; la photo tirée du film donne en revanche une image d'opposition violente entre la fille et son père.

▶ **10.** La photo, en montrant une image de jolie femme prenant plaisir à tirer, est **dérangeante** : le plaisir et la violence sont mêlés, la relation entre père et fille est brutale. Le texte en revanche, en traitant surtout d'une souffrance subie et partagée entre père et fille, peut susciter la compassion et la tristesse, mais pas le rejet.

2de partie • Rédaction et maîtrise de la langue

DICTÉE

POINT MÉTHODE

1 Attention à ne pas confondre passé simple et imparfait, pour la 1re personne du singulier des verbes du premier groupe. La prononciation est en effet presque semblable (*je pleurai/je pleurais*). Pour reconnaître le temps utilisé, change de personne (*nous pleurâmes/nous pleurions*).

2 Pour différencier le participe passé en *-é* de l'infinitif en *-er* des verbes du premier groupe, remplace la forme par un infinitif du troisième groupe et vois si cela fonctionne (*l'impression de me jeter/de me battre ; il est entré/il est ~~battre~~ battu*).

3 Souviens-toi que le participe passé employé avec *avoir* peut s'accorder avec le COD si celui-ci est placé avant le verbe : *qui m'aurait obligée* (*m'*, COD, est mis pour la narratrice ; l'accord se fera donc au féminin singulier).

Enfant, quand je m'efforçais de m'exprimer dans un langage châtié, j'avais l'impression de me jeter dans le vide. Une de mes frayeurs imaginaires, avoir un père instituteur qui m'aurait obligée à bien parler sans arrêt, en détachant les mots. On parlait avec la bouche.

Puisque la maîtresse me reprenait, plus tard j'ai voulu reprendre mon père [...]. Il est entré dans une violente colère. Une autre fois : « Comment voulez-vous que je ne me fasse pas reprendre, si vous parlez mal tout le temps ! » Je pleurais. Il était malheureux. Tout ce qui touche au langage est dans mon souvenir motif de rancœur [...], bien plus que l'argent.

RÉÉCRITURE

Les modifications sont mises en couleur.

« Ils disent souvent "eux" maintenant, parce qu'ils ont longtemps pensé de cette façon et ils ne savent pas quand ils ont cessé de le faire. »

TRAVAIL D'ÉCRITURE

Voici un exemple de rédaction sur chacun des deux sujets.
Attention les titres en couleur ne doivent pas figurer sur ta copie.

Sujet A

[Présentation du cadre] Lorsque j'ai eu onze ans, mes parents et moi avons quitté la région parisienne, pour aller habiter dans le sud de la France, à Aubagne. J'ai donc fait ma rentrée en classe de cinquième dans un nouvel établissement, où tout était déroutant pour moi : le climat, les habitudes vestimentaires, l'accent. J'étais pourtant parvenu à me couler assez rapidement dans le moule et à ne pas trop me faire remarquer.

[Le comportement déplacé] Mais c'était sans compter sur mon parrain, qui un jour me couvrit de honte devant toute ma classe. Mon parrain, espagnol, qui séjournait chez nous pour deux semaines, décida de venir me chercher au collège. Il arrriva en avance, et comme je lui avais donné une copie de mon emploi du temps il décida d'aller me chercher dans ma classe. Par malheur, comme la gardienne n'était pas à l'entrée, rien ne pu empêcher sa progression inexorable vers la salle où le cours de mathématiques se déroulait. Il a frappé, est entré, m'a fait un signe de reconnaissance, puis a serré la main et s'est présenté à M. Laveuve, qui avait du mal à cacher son irritation d'être ainsi interrompu. J'étais anéanti : mon parrain ne se rendait-il pas compte que son comportement était totalement déplacé ? Pétrifié sur ma chaise, je baissais la tête, n'osant affronter les regards moqueurs de mes camarades. Il faut dire que mon parrain parle avec un très fort accent espagnol et s'embrouille un peu avec la grammaire française. Sans avoir le moins du monde conscience d'être importun, il remercia chaleureusement M. Laveuve de sa bienveillance envers nous avant d'aller m'attendre dehors. Partagé entre la honte et la colère, je fis semblant de ne pas le voir quand je sortis quelques instants plus tard.

Conseil
Pour exprimer tes sentiments, utilise des adjectifs, des expressions, des figures de style ou encore des pensées rapportées au discours indirect libre.

[Le regard rétrospectif] Mon parrain était une personne raisonnable. Je me suis longtemps demandé ce qui lui avait pris d'agir de cette manière. J'ai mis du temps à saisir qu'il s'agissait simplement d'une méconnaissance des usages du système scolaire français. Je lui pardonne aujourd'hui bien volontiers cette bévue, pour laquelle j'ai pourtant refusé de lui parler pendant pratiquement tout le reste de son séjour.

Sujet B

[Introduction] Il est courant de voir des adolescents se différencier radicalement de leurs parents. Ces différences se manifestent dans des domaines variés : l'apparence physique, le comportement, ou même les croyances. Quelles sont alors les raisons qui poussent la nouvelle génération à ne pas ressembler à celle de ses parents ?

[Adopter les codes de sa génération] On peut, en premier lieu, s'arrêter sur les codes de l'apparence. Les modes changent vite, et les codes sont très différents d'une génération à l'autre. Un jeune peut donc adopter un style bien distinct de celui de ses parents. Ainsi, j'ai un ami qui a adopté la coiffure bien reconnaissable d'un célèbre footballeur, ce que ses parents n'acceptent pas du tout.

> **Conseil**
> Pense à utiliser des connecteurs logiques pour introduire tes exemples.

[Se sentir indépendant] Grandir, c'est aussi s'émanciper de la tutelle de ses parents. En grandissant, un jeune apprend à avoir ses jugements propres, qui ne seront pas toujours les mêmes que ceux de ses parents. L'apprentissage de l'autonomie passe alors par une opposition. En effet, il n'est pas rare de voir des jeunes adopter des opinions politiques ou des croyances religieuses tout à fait contraires à celles de leurs parents.

[Rejeter un modèle] Enfin, en grandissant, certains entrent dans un monde qui ne ressemble pas à celui de leurs parents ; ils vont alors rejeter l'ancien modèle pour adopter le nouveau. C'est ce que laisse entendre, par exemple, le texte d'Annie Ernaux. En faisant la connaissance, par le biais de ses camarades de classe, d'un monde plus aisé et plus éduqué, la jeune Annie connaît une situation difficile, où elle est amenée à rejeter le monde parental pour se conformer à celui de ses camarades de classe.

[Conclusion] Une génération nouvelle se construit donc souvent en opposition avec la précédente. Cette opposition se révèle souvent positive : on apprend ainsi à s'affirmer et à exprimer sa singularité.

SUJET

5

Sujet inédit • Se raconter, se représenter
50 points

Une famille de rêve

Ce sujet regroupe tous les exercices de français de la 2de épreuve écrite.

1re partie • Analyse et interprétation de textes et de documents (1 heure)

DOCUMENT A Texte littéraire

Alain Mabanckou raconte dans cet ouvrage son retour, après vingt-trois ans d'absence, dans la ville où il a grandi, Pointe-Noire, au Congo. Il explique pourquoi il a longtemps refusé d'accepter la mort de sa mère, survenue entre-temps, et évoque quelques souvenirs d'enfance.

Oui, j'ai longtemps laissé croire que ma mère était encore en vie. Je n'avais, pour ainsi dire, pas le choix, ayant pris l'habitude de ce genre de mensonges depuis l'école primaire lorsque je ressuscitais mes sœurs aînées dans le dessein d'échapper aux railleries de mes camarades qui, eux, se glorifiaient d'avoir une famille nombreuse et se proposaient de « prêter » des rejetons à ma mère. Obsédée par l'idée de voir un autre enfant sortir de son ventre, elle avait consulté les médecins les plus réputés de la ville et la plupart de ces guérisseurs traditionnels qui prétendaient avoir soigné des femmes dont la stérilité datait au moins d'une vingtaine d'années. Déçue [...], ma mère s'était résolue à accepter sa condition : n'avoir qu'un seul enfant et se dire qu'il y avait sur terre d'autres femmes qui n'en avaient pas et qui auraient été comblées d'être à sa place. Elle ne pouvait pas pour autant balayer d'un revers de main le fait que la société dans laquelle elle vivait considérait une femme sans enfants comme aussi malheureuse que celle qui n'en avaient eu qu'un seul. Dans ce même esprit, un fils unique était un pestiféré[1]. Il était la cause des malheurs de ses parents [...]. Sans compter qu'on lui attribuait les pouvoirs les plus extraordinaires : il était capable de faire pleuvoir, d'arrêter la pluie, de causer la fièvre à ses ennemis, de rendre les plaies de ces derniers incurables. Tout juste s'il ne pouvait influer sur la rotation de la Terre. [...]

Lorsque j'évoquais ces sœurs devant mes camarades j'exagérais sans doute. J'avançais avec fierté qu'elles étaient grandes, belles et intelligentes. J'ajoutais, sûr de moi, qu'elles portaient des robes aux couleurs d'arc-en-ciel et qu'elles comprenaient la plupart des langues de la terre. Et pour convaincre certains de mes détracteurs, j'insistais qu'elles roulaient dans une Citroën DS décapotable rouge conduite par un *boy*[2], qu'elles avaient maintes fois pris l'avion, et qu'elles avaient traversé les mers et les océans. Je savais alors que j'avais marqué des points lorsque les interrogations fusaient :

– Donc toi aussi tu es entré dans cette Citroën DS avec tes sœurs ? questionnait le plus candide de mes camarades dont les yeux luisaient de convoitise.

Je trouvais vite un alibi inattaquable.

– Non, je suis trop petit, mais elles ont promis de me laisser entrer dedans quand j'aurai leur taille…

Un autre, plutôt animé par la jalousie, essayait de me contrarier :

– C'est du n'importe quoi ! Depuis quand il faut être grand pour entrer dans une voiture ? J'ai vu des enfants plus petits que nous dans les voitures !

Je ne perdais pas mon calme :

– Est-ce que c'était dans une Citroën DS que tu les avais vus, ces enfants ?

– Euh… non… C'était une Peugeot…

– Ben voilà… Dans la Citroën DS décapotable il faut être plus grand que nous parce que c'est une voiture qui va vite, et c'est dangereux si tu es encore petit…

Puisque personne n'avait vu ces sœurs, mitraillé de questions par une assemblée de mômes de plus en plus curieux, mais dont l'incrédulité croissait au rythme de ma mythomanie[3], je prétextais qu'elles étaient en Europe, en Amérique, voire en Asie et qu'elles reviendraient en vacances pendant la saison sèche. […]

Égaré dans la nasse[4] de mes propres fictions, je commençais à y croire plus que mes camarades, et j'attendais de pied ferme le retour de mes aînées.

Alain Mabanckou, *Lumières de Pointe-Noire*, 2013,

1. Pestiféré : maudit.
2. *Boy* : domestique.
3. Mythomanie : tendance excessive à mentir et à inventer des histoires.
4. Nasse : filet dont le poisson ne peut plus s'échapper après y être entré.

DOCUMENT B **Wilfredo Lam, *Niño en blanco*, 1940**

Wilfredo Lam (1902-1982) est un peintre cubain, influencé à la fois par les arts occidentaux et par les arts africains.

QUESTIONS 20 POINTS

Les réponses doivent être entièrement rédigées.

Sur le texte littéraire (document A)

▶ **1.** Quels sont les membres de sa famille que le narrateur mentionne ? Qu'apprend-on d'eux dès les premières lignes ? *(2 points)*

▶ **2.** Quelles sont les croyances populaires attachées à un enfant unique, mentionnées dans le texte ? *(2 points)*

▶ **3.** « […] “prêter” des rejetons à ma mère. » (ligne 6) *(2 points)* :
a) Que propose-t-on de « prêter » à la mère du narrateur ?
b) Pourquoi le verbe prêter est-il entre guillemets ?

▶ **4. a)** Quelle image le narrateur donne-t-il de ses sœurs à ses camarades ? *(1 point)*
b) Quelles sont les figures de style employées pour faire leur portrait ? *(1 point)*
❑ La comparaison.
❑ L’énumération.
❑ La périphrase.
❑ L’hyperbole.
c) Pourquoi dresse-t-il leur portrait ? *(1 point)*

▶ **5. a)** Quels sont les différents sentiments qui poussent les camarades du narrateur à lui poser des questions ? *(1 point)*
b) « […] dont l’incrédulité croissait au rythme de ma mythomanie […] » (lignes 49-50)
Expliquez le sens de ce passage en vous aidant de ce qui précède et de ce qui suit. *(2 points)*

▶ **6.** Selon vous, le narrateur souffre-t-il de sa situation familiale ? *(2 points)*

▶ **7.** Expliquez les impressions ressenties à la lecture de ce passage, en vous appuyant sur des éléments précis du texte. Vous attendiez-vous à cela ? *(2 points)*

Sur le texte et l’image (documents A et B)

▶ **8.** Selon vous, quels sont les éléments qui permettent de rapprocher la peinture et le texte ? *(2 points)*

▶ **9.** Qu’évoque en vous cette peinture ? Pourquoi ? Comparez ces impressions à celles provoquées par la lecture du texte. *(2 points)*

2de partie • Rédaction et maîtrise de la langue (2 heures)

DICTÉE 5 POINTS

Le titre et la source de l'extrait sont écrits au tableau au début de la dictée.

Alain Mabanckou
Lumières de Pointe-Noire
© Éditions du Seuil, 2013
Points, 2014

Une mère complice

On pouvait m'entendre monologuer sur le chemin de l'école ou dans le quartier quand ma mère m'envoyait acheter du sel ou du pétrole. À force de passer des heures avec ces sœurs dans mes pensées, je les voyais à présent la nuit ouvrir la porte de notre maison, entrer et s'orienter vers la cuisine où elles fouillaient dans les marmites les restes de la nourriture que ma mère avait préparée. Le jour où je soufflai à ma mère que mes deux sœurs nous avaient rendu visite et n'avaient pas trouvé de quoi manger, elle demeura silencieuse puis [...] me dit :

– Tu n'as pas remarqué que tous les soirs je laisse deux assiettes remplies de nourriture à l'entrée de la porte ?

RÉÉCRITURE 5 POINTS

« Égaré dans la nasse de mes propres fictions, je commençais à y croire plus que mes camarades, et j'attendais de pied ferme le retour de mes aînées. »

Réécrivez ce passage en remplaçant la première personne du singulier par la première personne du pluriel, et l'imparfait par le présent de l'indicatif. Vous ferez toutes les modifications nécessaires.

TRAVAIL D'ÉCRITURE 20 POINTS

Vous traiterez au choix le sujet A ou le sujet B.
Votre rédaction sera d'une longueur minimale d'une soixantaine de lignes (300 mots environ).

Sujet A

Vous avez, un jour, proféré des mensonges avant d'être obligé d'avouer la vérité. Racontez cet épisode, en insistant particulièrement sur les sentiments ressentis à cette occasion.

Sujet B

Certains appartiennent à des familles nombreuses, tandis que d'autres n'ont ni frère ni sœur. Pensez-vous qu'il est préférable, pour un adolescent, d'avoir des frères et sœurs ou d'être enfant unique ? Vous présenterez votre réflexion de manière structurée, dans un texte organisé en paragraphes.

LES CLÉS DU SUJET

■ Les documents

Le texte littéraire (document A)

Le texte autobiographique d'Alain Mabanckou, écrit comme un moyen d'accepter enfin la mort de sa mère, raconte dans ses premières pages la naissance et l'enfance du narrateur. Les sœurs aînées mentionnées ne sont pas des inventions pures ; mais le narrateur ne les a jamais connues, car elles sont mortes en venant au monde.

Le tableau (document B)

Influencé par Picasso et le mouvement surréaliste, Wilfredo Lam (1902-1982) a toujours revendiqué l'influence de la poésie africaine sur sa peinture. Il est marqué, en 1931, par un événement tragique : sa femme et son fils succombent à la tuberculose. Il peint alors de nombreux tableaux de mère et enfant pour exprimer sa douleur.

■ Travail d'écriture (Sujet A)

Recherche d'idées

Si tu n'as pas de souvenir précis dont tu pourrais t'inspirer, tu peux imaginer une situation où tu mens à l'un de tes camarades, à tes parents ou à tes professeurs. Définis avec précision les raisons qui t'ont conduit à mentir : la peur, l'envie ou la précipitation.

Conseils de rédaction

Commence par présenter la situation : l'âge que tu avais, le lieu où tu te trouvais. Pense ensuite à bien expliquer les raisons qui t'ont poussé(e) à mentir, puis celles qui t'ont forcé(e) à avouer le mensonge. Quand tu mentionneras tes sentiments, insiste sur le doute (*s'imaginer, espérer, sans doute, éventuellement*...) ou la culpabilité (*honte, responsabilité, faute, regret*...).

■ Travail d'écriture (Sujet B)

Recherche d'idées

Réfléchis d'abord aux avantages dont jouit un enfant unique : une attention plus grande de la part des parents, l'absence de chamailleries et de disputes, des conditions de vie parfois plus agréables matériellement… Puis, à l'inverse, pense à ce que peut apporter l'existence de frères et de sœurs : le plaisir du partage, la protection des aînés, l'apprentissage de la responsabilité.

Conseils de rédaction

Au brouillon, ne rédige entièrement que l'introduction et la conclusion. Ton plan comportera deux parties, reliées par un lien logique d'opposition (*cependant*, *néanmoins*, *toutefois*…). Attends la conclusion pour donner ton opinion personnelle sur le sujet.

CORRIGÉ 5

1re partie • Analyse et interprétation de textes et de documents

QUESTIONS

▶ **1.** Le narrateur mentionne d'abord sa mère, puis ses sœurs aînées. Dès les premières lignes, on apprend que ces personnes sont mortes, mais qu'il a longtemps laissé croire qu'elles étaient encore en vie. Le mensonge concernant ses sœurs date de son enfance ; on comprend que le mensonge concernant sa mère est, comme son décès, beaucoup plus récent.

▶ **2.** La société dans laquelle vit la mère déconsidère les femmes qui n'ont eu qu'un seul enfant. Les croyances qui s'y attachent sont clairement péjoratives : l'enfant est vu comme un pestiféré, cause de malheurs, et possède des pouvoirs surnaturels (commander la pluie, faire du tort à ses ennemis, par exemple).

▶ **3. a)** Les camarades du narrateur, par raillerie, proposent de prêter à sa mère des enfants supplémentaires.

b) Les guillemets signalent que le verbe « prêter » n'est pas adapté à la proposition ; on ne peut pas prêter des enfants.

▶ **4. a)** Le narrateur donne de ses sœurs une **image très positive** : en plus d'être *grandes, belles et intelligentes*, elles sont polyglottes, voyagent et se déplacent luxueusement.

b) Pour mentionner toutes ces qualités, deux figures sont utilisées : l'**énumération**, et l'**hyperbole**.

Zoom
L'hyperbole est une figure d'exagération.

c) Le narrateur dresse un portrait exagérément positif de ses sœurs imaginaires, car il veut avant tout **échapper aux railleries** de ses camarades qui lui reprochent d'être enfant unique ; en s'inventant une famille magnifique, il cherche peut-être également à combler un certain vide.

▶ **5. a)** Les **sentiments** successivement mentionnés sont : la convoitise, la jalousie, la curiosité et l'incrédulité.

b) Plus ses camarades le questionnent, plus le narrateur est amené à forger de nouveaux mensonges ; et plus les mensonges sont nombreux, plus ses camarades ont du mal à le croire. Mais plus il profère de mensonges, plus il se met lui-même à y croire : sa **mythomanie** (ou le fait de croire à ses propres mensonges) augmente, tandis que l'incrédulité de ses camarades grandit elle aussi.

▶ **6.** Enfant unique dans une société où cela est très mal vu, le narrateur vit seul avec sa mère, car ses deux sœurs aînées sont mortes à la naissance. Il ne parle pourtant **pas de souffrance** ; il n'insiste pas sur sa solitude. Le mensonge des sœurs aînées sert avant tout à impressionner ses camarades.

▶ **7.** Les premières phrases mentionnent les décès de sa mère et de ses sœurs ; le lecteur s'attend alors à un texte d'une tonalité grave ou triste. Mais c'est une impression bien plus légère qui prévaut : le chagrin est absent du portrait que l'enfant dresse de sa mère et de ses sœurs, s'emmêlant dans ses mensonges. On peut ressentir à la lecture de ce passage à la fois de la **surprise** et de l'**amusement**. L'exagération rend en effet la lecture de ce texte très plaisante (*tout juste s'il ne pouvait influer sur la rotation de la Terre, j'exagérais sans doute…*).

Zoom
On utilise le terme « tonalité » pour parler de l'impression qu'un texte cherche à produire sur le lecteur. On parle ainsi de tonalité pathétique, tragique, lyrique, comique, etc.

▶ **8.** Le **thème de la famille** semble commun aux deux documents. Le texte présente un petit garçon, sa mère et ses sœurs ; le tableau montre une silhouette d'enfant, s'accrochant au cou d'une figure maternelle. L'**attachement** de l'enfant aux membres, réels ou fantasmés, de sa famille, se retrouve dans les deux documents.

▶ **9.** Le lien entre les deux silhouettes est au centre du tableau de Wilfredo Lam. Mais les **couleurs** majoritairement utilisées sont **froides**, et les **différences** sont importantes **entre l'enfant et la mère** (les couleurs utilisées, les visages, les attitudes). Le tableau n'évoque donc pas une relation éternellement heureuse. Comme dans le texte, les liens familiaux, même emplis d'amour, ne sont pas forcément synonymes de bonheur.

2de partie • Rédaction et maîtrise de la langue

DICTÉE

POINT MÉTHODE

1. Ne confonds pas les **homophones** suivants : *ou* (= ou bien)/*où* ; *ces* (déterminant démonstratif)/*ses* (déterminant possessif).
2. Sois attentif aux **accords du participe passé** : employé sans auxiliaire, il fonctionne comme un adjectif et s'accorde avec le nom qu'il qualifie ; employé avec avoir, il ne s'accorde jamais avec le sujet ; mais il peut s'accorder avec le COD si celui-ci est placé avant le verbe.
3. Pour savoir s'il faut employer l'**imparfait** (*je soufflais*) ou le **passé simple** (*je soufflai*), identifie la valeur du temps dans la phrase : il s'agit ici d'une action ponctuelle, il faut donc employer le passé simple.

On pouvait m'entendre monologuer sur le chemin de l'école **ou** dans le quartier quand ma mère m'envoyait acheter du sel **ou** du pétrole. À force de passer des heures avec **ces** sœurs dans mes pensées, je les voyais à présent la nuit ouvrir la porte de notre maison, entrer et s'orienter vers la cuisine **où** elles fouillaient dans les marmites les restes de la nourriture que ma mère avait **préparée**. Le jour **où** je **soufflai** à ma mère que mes deux sœurs nous avaient **rendu** visite et n'avaient pas **trouvé** de quoi manger, elle demeura silencieuse puis […] me dit :

– Tu n'as pas **remarqué** que tous les soirs je laisse deux assiettes **remplies** de nourriture à l'entrée de la porte ?

RÉÉCRITURE

Les modifications sont mises en couleur.

« **Égarés** dans la nasse de **nos** propres fictions, **nous commençons** à y croire plus que **nos** camarades, et **nous attendons** de pied ferme le retour de **nos** aînées. »

TRAVAIL D'ÉCRITURE

Voici un exemple de rédaction sur chacun des deux sujets.
Attention les titres en couleur ne doivent pas figurer sur ta copie.

Sujet A

[Présentation des circonstances] Lorsque j'avais dix ans, ma mère et moi sommes partis en vacances au Maroc et je pris l'avion pour la première fois. Pendant tout le vol, j'étais tellement excité que je n'arrivais pas à me taire. En arrivant à Marrakech, ma mère était nerveuse et irritable à cause de la fatigue due au voyage, et sans doute aussi de mon bavardage incessant. Lorsque je fis tomber ma valise sur son petit orteil, elle devint écarlate et se mit à crier contre moi, nous donnant en spectacle, sans faire aucun cas du regard des autres ; je pris très mal cette humiliation publique et sonore.

[Le mensonge et l'aveu] Lorsque nous sommes parvenus aux douanes, ma mère avait retrouvé son calme. J'étais, quant à moi, à la fois décontenancé et plein de rancune. Aussi lorsque le policier, après avoir examiné mon passeport, me demanda si la dame qui m'accompagnait était ma mère, je répondis que non, et que je ne la connaissais pas. Il regarda alors ma mère d'un air interrogateur. Je vis bien qu'elle s'efforçait de garder son calme, tandis qu'elle répondait au douanier, mais le regard qu'elle me lança ne laissait rien présager de bon. Une discussion s'engagea entre les deux adultes dans une atmosphère tendue. Je commençai à avoir très chaud, et à me demander si je n'avais pas un peu exagéré. Finalement, au milieu de la suspicion générale, ma mère brandit le livret de famille qui prouvait, même si nous ne portions pas le même nom, que j'étais bien son fils. Je dus alors, tête baissée, avouer aux policiers que j'avais menti. Le regard noir et la main posée sur leur arme, ils me firent bien comprendre qu'ils n'avaient pas trouvé ça drôle.

[Conclusion] J'avais menti car j'étais en colère contre ma mère ; mais je fis connaissance avec une colère bien plus terrible encore : ce ne fut que le lendemain, après une bonne nuit et un petit-déjeuner copieux, que ma mère accepta de me parler à nouveau à peu près gentiment.

Conseil
Tu n'es pas obligé de terminer ton devoir par une conclusion bien-pensante du type : *j'ai compris que c'était mal de mentir, je ne le ferai plus,* etc.

Sujet B

[Introduction] On peut naître dans une famille nombreuse, ou au contraire être l'unique enfant de ses parents. À l'adolescence cela prend une importance tout à fait particulière. À cet âge, vaut-il mieux avoir des frères et sœurs ou être enfant unique ?

Conseil
Pour rédiger l'introduction, commence par rappeler le sujet, formule ensuite la question (problématique) à laquelle ton devoir va répondre, puis annonce son plan.

[Les avantages d'être enfant unique] Lorsque l'on est l'unique enfant à la maison, on profite d'abord d'une attention plus grande de la part de ses parents, qui n'ont pas à s'occuper d'enfants, par exemple plus petits, qui nécessitent beaucoup de temps et de vigilance. C'est d'autant plus important en cette période fragile qu'est l'adolescence. Le quotidien d'un enfant unique est aussi plus calme : ni disputes, ni rivalité, ni jalousie envers un aîné ou un cadet. Enfin, c'est aussi la garantie de ne pas avoir à partager sa chambre, à un âge où l'on souhaite particulièrement préserver son intimité.

[Les avantages d'appartenir à une fratrie] Toutefois, avoir des frères et sœurs peut se révéler très bénéfique, notamment à l'adolescence. On peut partager avec eux ses angoisses et ses joies. Durant cette période de la vie où l'on manque parfois de repère, il peut également être bon de bénéficier du soutien et des conseils de quelqu'un de plus proche de soi que les parents. Enfin, en jouant ce même rôle auprès des plus jeunes, on apprend à être responsable et à donner l'exemple.

[Conclusion] Être enfant unique peut donc présenter des avantages indéniables. Mais avoir des frères et sœurs me semble encore plus bénéfique. Si leur rôle est central à l'adolescence, il ne se limite pas à cet âge. Les liens tissés dans une fratrie pendant l'enfance sont un gage de rapports affectifs solides à l'âge adulte.

SUJET 6

Sujet inédit • Dénoncer les travers de la société
50 points

Les affres des embouteillages

Ce sujet regroupe tous les exercices de français de la 2de épreuve écrite.

1re partie • Analyse et interprétation de textes et de documents (1 heure)

DÉNONCER

DOCUMENT A Texte littéraire

Si l'on en croit la peinture pittoresque de Boileau, la circulation dans les rues de Paris au XVIIe siècle n'avait rien à envier à celle d'aujourd'hui.

En quelque endroit que j'aille, il faut fendre la presse
D'un peuple d'importuns qui fourmillent sans cesse.
L'un me heurte d'un ais[1] dont je suis tout froissé ;
Je vois d'un autre coup mon chapeau renversé.
Là, d'un enterrement la funèbre ordonnance
D'un pas lugubre et lent vers l'église s'avance ;
Et plus loin des laquais[2] l'un l'autre s'agaçants[3],
Font aboyer les chiens et jurer les passants.
Des paveurs en ce lieu me bouchent le passage ;
Là, je trouve une croix de funeste présage[4],
Et des couvreurs grimpés au[5] toit d'une maison
En font pleuvoir l'ardoise et la tuile à foison.
Là, sur une charrette une poutre branlante
Vient menaçant de loin la foule qu'elle augmente ;
Six chevaux attelés à ce fardeau pesant
Ont peine à l'émouvoir[6] sur le pavé glissant.
D'un carrosse en tournant il accroche une roue,
Et du choc le renverse en un grand tas de boue :
Quand un autre à l'instant s'efforçant de passer,
Dans le même embarras se vient embarrasser.
Vingt carrosses bientôt arrivant à la file
Y sont en moins de rien suivis de plus de mille ;
Et, pour surcroît de maux, un sort malencontreux

Conduit en cet endroit un grand troupeau de bœufs ;
Chacun prétend passer ; l'un mugit, l'autre jure.
Des mulets en sonnant augmentent le murmure[7].
Aussitôt cent chevaux dans la foule appelés
De l'embarras qui croît ferment les défilés,
Et partout les passants, enchaînant les brigades[8],
Au milieu de la paix font voir les barricades.
On n'entend que des cris poussés confusément :
Dieu, pour s'y faire ouïr[9], tonnerait vainement.

Boileau, *Satire VI*, 1666, vers 31-62.

---

1. Ais : planche.
2. Laquais : valets, serviteurs.
3. S'agaçants : jusqu'à ce que l'Académie le déclare invariable (1679), le participe présent prenait un *s* au masculin pluriel.
4. Pour prévenir les passants du danger, les couvreurs mettaient une croix sur la toiture en réfection.
5. Grimpés au : grimpés sur.
6. L'émouvoir : le faire avancer.
7. Murmure : bruit.
8. Brigades : groupes.
9. Ouïr : entendre.

DOCUMENT B **Kirk, « Si ces idiots prenaient le bus… » (1995)**

Ce dessin a été publié dans le St. Paul Pioneer Press, *journal local du Minnesota (États-Unis). Il est ici adapté en français.*

QUESTIONS 20 POINTS

Les réponses doivent être entièrement rédigées.

Sur le texte littéraire (document A)

▶ **1. a)** Quels sont les désagréments dont se plaint Boileau dans cet extrait ? *(2 points)*
b) Énumérez les différents éléments qui contribuent à ces désagréments. *(3 points)*

▶ **2. a)** Quel est l'objectif de Boileau ? *(2 points)*
b) Quel genre littéraire choisit-il pour l'atteindre ? *(2 points)*

▶ **3. a)** Quel est le temps employé par Boileau ? *(2 points)*
b) Pourquoi ce choix ? *(1 point)*

▶ **4.** « font aboyer les chiens et jurer les passants » (vers 8) et « l'un mugit, l'autre jure » (vers 25) : comment appelle-t-on cette figure de style ? *(1 point)*
❑ Une gradation. ❑ Un parallélisme.

▶ **5.** Identifiez au moins deux procédés employés par Boileau pour créer un effet d'exagération. *(2 points)*

Sur le texte et l'image (documents A et B)

▶ **6.** Quelles ressemblances et quelles différences pouvez-vous trouver entre le texte et le dessin quant au sujet qu'ils évoquent ? *(2 points)*

▶ **7.** Quelles réactions le dessin provoque-t-il en vous ? Que révèle-t-il sur les automobilistes et sur notre société ? *(3 points)*

2de partie • Rédaction et maîtrise de la langue (2 heures)

DICTÉE 5 POINTS

Le titre, la source de l'extrait et « commis » sont écrits au tableau au début de la dictée.

Émile Zola
Au bonheur des dames
1883

Inauguration d'un grand magasin

Enfin, on rouvrit les portes, et le flot entra. Dès la première heure, avant que les magasins fussent pleins, il se produisit sous le vestibule un écrasement tel, qu'il fallut avoir recours aux sergents de ville, pour rétablir la circulation sur le trottoir. […] Il y avait des poussées d'épaules, une bousculade fiévreuse autour des casiers et des corbeilles […]. Malgré le temps froid, les commis qui vendaient au plein air du pavé, ne pouvaient suffire. Une femme grosse jeta des cris. Deux petites filles manquèrent d'être étouffées.

Toute la matinée, cet écrasement augmenta. Vers une heure, des queues s'établissaient, la rue était barrée, ainsi qu'en temps d'émeute.

RÉÉCRITURE 5 POINTS

« Là, sur une charrette une poutre branlante
Vient menaçant de loin la foule qu'elle augmente ;
Six chevaux attelés à ce fardeau pesant
Ont peine à l'émouvoir sur le pavé glissant. »

Réécrivez ces vers en remplaçant « une charrette » par « des charrettes », « une poutre » par « des poutres » et en faisant les modifications nécessaires.

TRAVAIL D'ÉCRITURE 20 POINTS

Vous traiterez au choix le sujet A ou le sujet B.
Votre rédaction sera d'une longueur minimale d'une soixantaine de lignes (300 mots environ).

Sujet A

Tout comme Boileau, écrivez un texte à tonalité satirique racontant comment vous vous êtes retrouvé(e) pris(e) dans un mouvement de foule ou un embouteillage. Vous emploierez le présent et écrirez en prose.

Sujet B

Vous êtes un(e) militant(e) écologiste et vous devez écrire un discours destiné aux automobilistes pour essayer de les convaincre de la nécessité de moins utiliser leur véhicule. Vous développerez au moins trois arguments.

LES CLÉS DU SUJET

■ Les documents

Le texte littéraire (document A)

Il s'agit d'une satire, c'est-à-dire un écrit dans lequel l'auteur attaque, en se moquant, les travers de la société de son temps. Ici, Boileau se plaint des encombrements de Paris au XVIIe siècle. En effet, les rues étroites, la circulation incessante et les travaux rendaient périlleux les déplacements dans certains quartiers de la capitale.

L'image (document B)

Ce dessin satirique vise à montrer aux automobilistes l'absurdité de leur comportement et la nécessité d'en changer. Il a été publié dans un journal américain, puis repris et adapté en français sur un site Internet destiné à encourager l'utilisation des transports en commun.

■ Travail d'écriture (Sujet A)

Recherche d'idées

• Commence par choisir la situation que tu vas raconter : embouteillages de départ en vacances, foule en délire lors d'un concert… Fais appel à tes souvenirs ou à ton imagination.

• Puisque tu dois décrire une scène mouvementée, tu peux faire une liste de verbes d'action à utiliser : courir, se bousculer, emporter, serrer, hurler, accélérer, freiner, klaxonner…

Conseils de rédaction

• Raconte à la première personne. Tu dois vivre la situation de l'intérieur. Emploie le présent de narration, ce sera plus vivant.

• La tonalité satirique vise à critiquer en se moquant ; elle utilise souvent l'humour, la parodie ou l'ironie. Ton texte doit divertir le lecteur. Il ne s'agit pas d'émouvoir, mais de faire rire : utilise un vocabulaire expressif, exagéré ; emploie des comparaisons, des métaphores ou autres figures de style.

■ Travail d'écriture (Sujet B)

Recherche d'idées

Cherche les arguments que tu peux utiliser pour essayer de convaincre les automobilistes : temps perdu et énervement liés aux embouteillages, manque d'exercice physique, pollution, dégradation de l'environnement, etc.

Conseils de rédaction

• Respecte un plan que tu auras choisi à l'avance :
– en introduction, présente le sujet de ton intervention ;
– consacre un paragraphe par argument ; enchaîne les arguments dans un ordre d'importance croissant ;
– rédige une courte conclusion.

• Tu peux employer l'ironie pour rendre ton discours plus attrayant.

CORRIGÉ 6

1re partie • Analyse et interprétation de textes et de documents

QUESTIONS 20 POINTS

▶ **1. a)** Dans cet extrait, Boileau se plaint des « embarras de Paris » : dangers (chute d'objets par exemple), nuisances sonores et embouteillages en tous genres.

b) Les éléments qui contribuent à embouteiller les rues de Paris sont nombreux et variés. Toutes les classes sociales sont représentées : artisans, domestiques, bourgeois ou nobles ; les charrettes côtoient les carrosses et les animaux, mulets, chevaux, bœufs, se mêlent aux hommes.

▶ **2. a)** Cette peinture pittoresque de la capitale n'a d'autre objectif que d'amuser le lecteur, de le faire rire ou sourire.

b) Boileau adopte la forme traditionnelle de la satire héritée des poètes satiriques latins. Ce poème est composé d'**alexandrins** aux **rimes suivies**.

Info +
La satire est à l'origine un poème antique en prose et en vers, très répandu à Rome, et qui mêle attaque contre les individus et vérités morales.

▶ **3. a)** Boileau emploie le **présent de narration**.

b) Il rend ainsi la scène plus vivante : elle semble se dérouler sous nos yeux.

▶ **4.** Cette figure de style est un parallélisme.

Zoom
Un parallélisme est une figure de style reposant sur la répétition d'une même construction syntaxique, ce qui crée un effet d'insistance.

▶ **5.** L'**accumulation**, la **surenchère** dans les nombres (« un carrosse », « vingt carrosses », « plus de mille », « six chevaux », « cent chevaux »), les **répétitions** (« dans le même *embarras* se vient *embarrasser* », vers 20), l'**hyperbole** (« Dieu pour s'y faire ouïr tonnerait vainement », vers 32) contribuent à créer une impression de cacophonie et de désordre.

▶ **6.** Le dessin et le texte sont tous les deux des satires sur les embouteillages subis par les citadins. Il est amusant de constater qu'un texte écrit au XVIIe siècle est **plus que jamais d'actualité au XXIe siècle**, même si les automobiles ont remplacé les carrosses, les charrettes et les troupeaux de bœufs, créant un spectacle plus uniforme et moins pittoresque. Cependant, la pollution atmosphérique rend le problème plus crucial à notre époque.

▶ **7.** Ce dessin satirique fait rire mais provoque aussi une certaine **colère** : les automobilistes coincés dans l'habitacle de leur voiture, pare-choc contre pare-choc, ont tous la même mine renfrognée et hargneuse, la même pensée enfermée dans les bulles qui envahissent le cadre et qui évoquent les nuages de pollution que les véhicules laissent derrière eux. Autant d'individus isolés qui ne communiquent pas, prêts à s'insulter au moindre incident et surtout égoïstes, refusant de renoncer au confort de leur voiture pour lutter contre la pollution. Sans compter – comble de l'absurdité – qu'ils rentreraient plus vite et avec moins de stress en empruntant les transports en commun ou en vélo.

2de partie • Rédaction et maîtrise de la langue

DICTÉE

POINT MÉTHODE

1 Attention à toutes les **marques du pluriel** (*s*, *x*, *-ent*).

2 Il y a deux **participes passés** : *étouffées* et *barrée*. Ils sont tous deux employés avec l'auxiliaire *être* et donc s'accordent avec le sujet (*deux petites filles* et *la rue*).

3 Attention à l'infinitif du verbe ***suffire*** qui se termine par un *e* contrairement à *rétablir*.

DÉNONCER

Enfin, on rouvrit les portes, et le flot entra. Dès la première heure, avant que les magasins fussent pleins, il se produisit sous le vestibule un écrasement tel, qu'il fallut avoir recours aux sergents de ville, pour rétablir la circulation sur le trottoir […] Il y avait des poussées d'épaules, une bousculade fiévreuse autour des casiers et des corbeilles […]. Malgré le temps froid, les commis qui vendaient au plein air du pavé, ne pouvaient suffire. Une femme grosse jeta des cris. Deux petites filles manquèrent d'être étouffées.

Toute la matinée, cet écrasement augmenta. Vers une heure, des queues s'établissaient, la rue était barrée, ainsi qu'en temps d'émeute.

RÉÉCRITURE

Les modifications sont mises en couleur.

« Là, sur des charrettes des poutres branlantes

Viennent menaçant de loin la foule qu'elles augmentent ;

Six chevaux attelés à ces fardeaux pesants

Ont peine à les émouvoir sur le pavé glissant. »

> **Attention !**
> « menaçant » est un participe présent et non un adjectif verbal. Il est donc invariable.

TRAVAIL D'ÉCRITURE

Voici un exemple de rédaction sur chacun des deux sujets.
Attention les titres en couleur ne doivent pas figurer sur ta copie.

Sujet A

[Mise en situation : entrée dans la station de métro] Je m'approche de la bouche de métro, lorsque je suis aspirée, entraînée par un flux incessant de passagers pressés qui se ruent dans l'escalier et envahissent l'étroit couloir qui mène aux portiques. Je cherche rapidement mon titre de transport et passe le portillon qui s'ouvre puis se referme comme une bouche vorace. Le torrent impétueux m'emporte de nouveau vers les quais à travers de longs boyaux blafards. Parfois le courant se divise selon les directions choisies par les usagers. Je suis ballotée, bousculée, malmenée.

> **Conseil**
> Sois attentif aux exemples de comparaisons et métaphores proposées ici. Elles expriment, entre autres, la violence des mouvements de foule (*torrent impétueux*, *marée humaine*) et la sensation d'étouffement (*étau*).

[Description du quai, puis du trajet en métro] Le quai est noir de monde. Une foule dense, compacte, rend toute approche impossible. Un mur de bras, de jambes, de torses se dresse devant moi. Le métro entre enfin dans la station. Il est bondé. Derrière les portes, les corps sont serrés, écrasés. Lorsqu'elles s'ouvrent, les passagers sont éjectés et viennent se heurter à ceux qui veulent à tout prix entrer. L'empoignade se fait violente. « Laissez sortir », entend-on hurler.

> **Conseil**
> Tu peux faire le choix de décrire la foule, les gens qui t'entourent comme une masse anonyme et morcelée : *un mur de bras, de jambes, de torses, les corps, une voix.*

Je parviens à me glisser *in extremis* dans un petit interstice avant que les portes automatiques ne viennent se fermer au ras de mon nez. Mon visage est écrasé contre la vitre. Je ne peux remuer un orteil et retiens ma respiration. Je suis prise dans un étau. Une voix proteste : « Vous m'écrasez le pied ! » À la station suivante, je suis éjectée violemment du wagon par la marée humaine qui se précipite vers les sorties ou les correspondances ou reflue dans la rame. Encore cinq stations !

[Fin du récit] Je finis par émerger de cet enfer, moulue, courbatue, épuisée… me promettant de me mettre au vélo ou à la marche à pied !

Sujet B

[Introduction] Automobilistes pressés et irrités par les longues heures passées dans l'habitacle de votre voiture, c'est à vous que je m'adresse : j'aimerais vous faire comprendre combien votre comportement peut sembler à la fois absurde et irresponsable.

[1er argument : dans sa voiture, chacun est seul et devient agressif] Absurde, car vous vous retrouvez tous comme des moutons, à la queue leu leu pendant des heures à respirer les gaz qui s'échappent de vos tuyaux d'échappement, à maugréer et vous plaindre des autres qui auraient dû selon vous laisser leur véhicule au garage : c'est toujours la faute du voisin.

> **Conseil**
> Introduis un peu d'ironie pour rendre ton discours attrayant et efficace.

Absurde, car vous passez des heures, seuls dans cet espace étroit et étouffant qu'est votre voiture, cernés par d'autres automobilistes tout aussi solitaires, sans échanger d'autres propos que des injures, parfois, lorsque l'un d'eux vous serre de trop près.

[2e argument : la voiture fait perdre un temps précieux dans les embouteillages] Absurde aussi parce que vous seriez sans doute rentrés plus rapidement en transport en commun en profitant de votre trajet pour lire, pour somnoler ou pour échanger avec les autres usagers, si les wagons ou les bus, bien sûr, ne sont pas trop bondés. Absurde encore parce que vous auriez peut-être pu, au lieu de passer ces longues heures assis sur votre siège à prendre votre mal en patience, faire de la marche ou du vélo et entretenir votre forme. C'est votre santé qui est en jeu.

[3e argument : l'usage de la voiture va à l'encontre de la préservation de l'environnement] Irresponsable, enfin et surtout, parce que la qualité de notre environnement réclame la diminution de la circulation automobile, parce que c'est une question de santé publique, que l'avenir de vos enfants et de notre planète est en jeu. Cela vaut bien quelques sacrifices et une remise en question de nos petits égoïsmes.

> **Attention !**
> Articule bien tes arguments au moyen de connecteurs logiques.

[Conclusion] J'espère que vous saurez m'entendre et que certains d'entre vous laisseront leur chère automobile à la maison et utiliseront des moyens de transport plus écologiques : en effet, c'est ensemble que nous devons inventer des lendemains qui chantent.

SUJET

7

Sujet inédit • Dénoncer les travers de la société
50 points

Des expériences professionnelles traumatisantes

Ce sujet regroupe tous les exercices de français de la 2de épreuve écrite.

1re partie • Analyse et interprétation de textes et de documents (1 heure)

DÉNONCER

DOCUMENT A Texte littéraire

La narratrice est embauchée dans une grande société japonaise et découvre les règles insolites qui la régissent.

Monsieur Saito me présenta brièvement à l'assemblée. Après quoi, il me demanda si j'aimais les défis. Il était clair que je n'avais pas le droit de répondre par la négative.

– Oui, dis-je.

Ce fut le premier mot que je prononçai dans la compagnie. Jusque-là, je m'étais contentée d'incliner la tête.

Le « défi » que me proposa monsieur Saito consistait à accepter l'invitation d'un certain Adam Johnson à jouer au golf avec lui, le dimanche suivant. Il fallait que j'écrive une lettre en anglais à ce monsieur pour le lui signifier.

– Qui est Adam Johnson ? eus-je la sottise de demander.

Mon supérieur soupira avec exaspération et ne répondit pas. Était-il aberrant d'ignorer qui était monsieur Johnson, ou alors ma question était-elle indiscrète ? Je ne le sus jamais et ne sus jamais qui était Adam Johnson.

L'exercice me parut facile. Je m'assis et écrivis une lettre cordiale : monsieur Saito se réjouissait de jouer au golf le dimanche suivant avec monsieur Johnson et lui envoyait ses amitiés. Je l'apportai à mon supérieur.

Monsieur Saito lut mon travail, poussa un petit cri méprisant et le déchira :

– Recommencez.

Je pensai que j'avais été trop aimable ou trop familière avec Adam Johnson et je rédigeai un texte froid et distant : monsieur Saito prenait acte de la décision de monsieur Johnson et conformément à ses volontés jouerait au golf avec lui.

Mon supérieur lut mon travail, poussa un petit cri méprisant et le déchira :

– Recommencez.

J'eus envie de demander où était mon erreur, mais il était clair que mon chef ne tolérait pas les questions, comme l'avait prouvé sa réaction à mon investigation au sujet du destinataire. Il fallait donc que je trouve par moi-même quel langage tenir au mystérieux Adam Johnson.

Je passai les heures qui suivirent à rédiger des missives à ce joueur de golf. Monsieur Saito rythmait ma production en la déchirant, sans autre commentaire que ce cri qui devait être un refrain. Il me fallait à chaque fois inventer une formulation nouvelle.

Il y avait à cet exercice un côté : « Belle marquise, vos beaux yeux me font mourir d'amour »[1] qui ne manquait pas de sel. J'explorai des catégories grammaticales en mutation : « Et si Adam Johnson devenait le verbe, dimanche prochain le sujet, jouer au golf le sujet et monsieur Saito l'adverbe ? Dimanche prochain accepte avec joie de venir adamjohnsoner un jouer au golf monsieur Saitoment. Et pan dans l'œil d'Aristote[2] ! »

Je commençais à m'amuser quand mon supérieur m'interrompit. Il déchira la énième lettre sans même la lire et me dit que mademoiselle Mori était arrivée.

Amélie Nothomb, *Stupeur et tremblements*, 1999, © Albin Michel.

1. Allusion au *Bourgeois gentilhomme* de Molière. Monsieur Jourdain demande à son maître de philosophie de l'aider à rédiger un mot doux destiné à une marquise en employant ces seuls mots : « Belle marquise, vos beaux yeux me font mourir d'amour », ce qui donne lieu à des phrases à la syntaxe déstructurée.
2. Philosophe grec qui pose les lois du raisonnement et fonde la logique comme instrument de précision du discours philosophique.

DOCUMENT B **Extrait du film *Les Temps modernes* de Charlie Chaplin (1936)**

Modern Times © Roy Export S.A.S. Scan Courtesy Cineteca di Bologna

QUESTIONS 20 POINTS

Les réponses doivent être entièrement rédigées.

Sur le texte littéraire (document A)

▶ **1.** Quelle tâche la narratrice doit-elle effectuer ? *(0,5 point)*

▶ **2. a)** En quoi les directives du supérieur sont-elles déroutantes ? *(0,5 point)*
b) Comment la narratrice réagit-elle ? *(1 point)*
c) Quel est l'effet produit ? *(1 point)*

▶ **3.** « Monsieur Saito rythmait ma production en la déchirant, sans autre commentaire que ce cri qui devait être un refrain. » (lignes 36-37) Pourquoi la narratrice associe-t-elle le cri à un refrain ? *(1 point)*

▶ **4. a)** Quel registre littéraire trouve-t-on dans cet extrait ? *(1 point)*
❑ Le registre dramatique.
❑ Le registre satirique.
❑ Le registre polémique.
b) Justifiez son emploi. *(1 point)*

▶ **5.** « Je passai les heures qui suivirent à rédiger des <u>missives</u> à ce joueur de golf. » (lignes 35-36)
a) Donnez au moins deux mots de la même famille que le mot souligné. *(1 point)*

b) Quel est le sens commun à tous ces mots ? *(0,5 point)*
c) Quel synonyme de ce mot trouve-t-on dans l'extrait ? *(0,5 point)*

▶ **6.** « Je passai les heures qui suivirent à rédiger des missives à ce joueur de golf. Monsieur Saito rythmait ma production en la déchirant, sans autre commentaire que ce cri qui devait être un refrain. Il me fallait à chaque fois inventer une formulation nouvelle. » (lignes 35 à 38)
a) Quels sont les temps des verbes soulignés ? *(2 points)*
b) Expliquez leur emploi. *(2 points)*

▶ **7.** Au moyen de quels suffixes la narratrice a-t-elle transformé des noms propres en verbe et adverbe ? (lignes 43-44) *(1 point)*

▶ **8.** Quelle image ce texte donne-t-il, selon vous, des conditions de travail dans une grande entreprise japonaise ? *(2 points)*

Sur le texte et la séquence filmique (documents A et B)

▶ **9. a)** Après avoir regardé l'extrait du film de Charlie Chaplin, *Les Temps modernes*, racontez brièvement ce qui arrive au personnage de Charlot. *(1,5 point)*
b) Selon vous, quelle signification peut-on donner à la scène ? *(1,5 point)*

▶ **10.** Selon vous, quels sont les éléments qui rapprochent le document audiovisuel et le texte ? *(2 points)*

2de partie • Rédaction et maîtrise de la langue (2 heures)

DICTÉE — 5 POINTS

Le titre, la source de l'extrait et les noms Yumimoto et Saito sont écrits au tableau au début de la dictée.

Amélie Nothomb
Stupeur et tremblements, 1999
© Albin Michel

Premier jour de travail

Un homme d'une cinquantaine d'années, petit, maigre et laid, me regardait avec mécontentement.

– Pourquoi n'aviez-vous pas averti la réceptionniste de votre arrivée ? me demanda-t-il.

Je ne trouvai rien à répondre et ne répondis rien. J'inclinai la tête et les épaules, constatant qu'en une dizaine de minutes, sans avoir prononcé un seul mot, j'avais déjà produit une mauvaise impression, le jour de mon entrée dans la compagnie Yumimoto.

L'homme me dit qu'il s'appelait monsieur Saito. Il me conduisit à travers d'innombrables et immenses salles, dans lesquelles il me présenta à des hordes de gens, dont j'oubliais les noms au fur et à mesure qu'il les énonçait.

RÉÉCRITURE 5 POINTS

« Mon supérieur lut mon travail, poussa un petit cri méprisant et le déchira :
– Recommencez.
J'eus envie de demander où était mon erreur, mais il était clair que mon chef ne tolérait pas les questions, comme l'avait prouvé sa réaction à mon investigation au sujet du destinataire. »

Réécrivez ces lignes en mettant le groupe nominal « mon supérieur » au pluriel et procédez à toutes les modifications nécessaires.

TRAVAIL D'ÉCRITURE 20 POINTS

Vous traiterez au choix le sujet A ou le sujet B.
Votre rédaction sera d'une longueur minimale d'une soixantaine de lignes (300 mots environ).

Sujet A

Vous avez eu, un jour, un défi à relever. Vous raconterez votre expérience, votre réussite ou votre échec et les sentiments que vous avez éprouvés.

Sujet B

Pensez-vous que le fait de fournir un travail soit uniquement synonyme d'effort et de contrainte, ou peut-il aussi procurer un certain plaisir et un enrichissement personnel ? Vous répondrez à cette question dans un développement argumenté en vous appuyant sur votre expérience, sur vos lectures et votre culture personnelle et les connaissances acquises dans l'ensemble des disciplines.

LES CLÉS DU SUJET

Les documents

Le texte littéraire (document A)

Stupeur et tremblements raconte comment Amélie, une jeune Belge amoureuse du Japon, décroche un contrat dans une prestigieuse entreprise nippone. Cette expérience va se révéler particulièrement déstabilisante.

L'image (document B)

Dans le film de Charlie Chaplin, *Les Temps modernes*, Charlot, le célèbre personnage créé et interprété par le cinéaste, lutte pour survivre dans le monde industrialisé. Dans la séquence, Charlie Chaplin se livre à une satire du travail à la chaîne et critique l'exploitation des ouvriers dans le contexte de la crise de 1929.

Travail d'écriture (Sujet A)

Recherche d'idées

Demande-toi dans quel domaine tu as eu à relever un défi : ce peut être dans le domaine sportif, artistique, scolaire... Rien ne t'empêche d'en inventer un : il s'agit d'un sujet d'invention qui fait appel aussi à l'imagination.

Conseils de rédaction

- Commence par présenter les circonstances dans lesquelles le défi a été relevé.
- Prends le temps ensuite de le raconter en faisant la part belle au suspense.
- Comme Amélie Nothomb, tu peux faire preuve d'humour et chercher à rendre ton récit amusant.

Travail d'écriture (Sujet B)

Recherche d'idées

- Interroge-toi sur ton rapport au travail. Est-ce pour toi uniquement une contrainte ou quelque chose qui t'apporte une certaine satisfaction, voire un sentiment d'épanouissement ?
- N'envisage pas seulement le travail scolaire, réfléchis à d'autres domaines : entraînement sportif, exercices nécessaires à la pratique d'un instrument de musique, répétitions théâtrales, apprentissage des techniques du bricolage... Tu peux aussi faire appel ce que tu connais du monde professionnel.

Conseils de rédaction

- Dans l'introduction, commence par présenter la question.
- Tu peux organiser ton devoir en deux parties :

– les aspects négatifs du travail : travail fastidieux, répétitif comme celui exercé par Charlot, travail pénible, voire dangereux…

– les aspects positifs, enrichissants : le travail scolaire comme source de connaissances et de savoir-faire, la création d'un objet, d'une œuvre artistique, les emplois dans l'humanitaire…

- N'oublie pas de donner des exemples pour illustrer ton propos.
- Dans la conclusion, tu peux faire le bilan entre les aspects négatifs et positifs du travail.

CORRIGÉ 7

1re partie • Analyse et interprétation de textes et de documents

QUESTIONS

▶ **1.** La narratrice doit écrire une lettre pour répondre à une invitation à jouer au golf adressée à son supérieur.

▶ **2. a)** Les directives du supérieur de la narratrice sont déroutantes, car il se contente de lui demander de recommencer sans aucune explication sur les erreurs commises.

b) Tout d'abord, la narratrice s'étonne et s'interroge, puis elle choisit de s'en amuser et réagit avec humour.

c) L'effet produit est comique. Il s'agit d'un comique de répétition.

▶ **3.** Le cri de monsieur Saito, répété après chaque nouvelle tentative infructueuse, est comme un refrain repris entre chaque couplet d'une chanson.

▶ **4. a)** Il s'agit du registre satirique.

b) Amélie Nothomb se livre à une critique pleine d'humour de la société japonaise et des règles en apparence absurdes qui régissent les grandes entreprises nippones, lorsqu'elles sont vues ou vécues par des Occidentaux.

▶ **5. a)** Les mots suivants appartiennent à la même famille que missive : mission, missionnaire, missile, émission, émissaire.

b) Le sens commun à tous ces mots est qu'il s'agit de choses ou de personnes **que l'on envoie** ou encore de l'action d'envoyer.

c) Le synonyme de *missive* est ***lettre***.

Info +
Missive vient du latin *missus*, participe passé de *mittere*, « envoyer ».

▶ **6. a)** Les verbes soulignés sont à l'**imparfait** (*rythmait, devait, fallait*) et au **passé simple** (*passai, suivirent*).

b) Ce sont deux temps du passé. Les verbes au passé simple expriment des actions achevées, qui ont lieu à un moment donné, « durant les heures qui suivirent ». Les verbes à l'imparfait expriment des actions qui se répètent (*à chaque fois*).

▶ **7.** La narratrice a transformé le premier nom propre en verbe en lui adjoignant le suffixe ***–er*** (« adamjohnsoner ») et le deuxième en adverbe à l'aide du suffixe ***–ment*** (« saitoment »).

▶ **8.** Ce texte donne une **image dévalorisante** des conditions de travail dans la grande société japonaise : la jeune narratrice se retrouve dans un univers en apparence hostile où semble régner l'absence de communication. Son supérieur se montre méprisant et refuse de lui donner la moindre directive. Il ne semble pas de bon ton de poser des questions. Son travail finit par lui sembler **absurde**. Elle aurait pu être gravement déstabilisée mais, dans cet extrait, elle réagit avec humour.

Zoom
Un suffixe s'ajoute à la racine ou au radical d'un mot pour constituer un nouveau mot appelé dérivé. Contrairement au préfixe, le suffixe modifie la catégorie grammaticale du mot de base : *flatter* = verbe → ***flatterie*** = nom, ***flatteur*** = adjectif → *flat**teusement*** = adverbe.

▶ **9. a)** L'extrait du film *Les Temps modernes* nous montre Charlot occupé à visser des écrous sur une chaîne de production dans une usine. Le rythme s'accélère jusqu'à ce que Charlot soit avalé par la machine. Le sourire du personnage est trompeur : le travail à la chaîne l'a rendu fou.

b) La séquence du film montre la puissance de la machine qui annihile la personnalité des ouvriers contraints à des tâches répétitives et à des **cadences de travail inhumaines** dans le seul but de gagner en productivité et en profit pour l'entreprise.

▶ **10.** Dans les deux cas, les personnages – la narratrice et Charlot – sont confrontés à des **tâches morcelées et répétitives** qui semblent **dépourvues de sens**. De même que Charlot n'a aucune idée de ce qu'il contribue à produire, de même la narratrice ne comprend pas très bien ce que l'on attend d'elle.

2de partie • Rédaction et maîtrise de la langue

DICTÉE

POINT MÉTHODE

1 Il ne faut pas confondre l'imparfait et le passé simple lorsqu'il s'agit de verbes du premier groupe conjugués à la première personne du singulier (*oubliais* = imparfait, *trouvai* et *inclinai* = passé simple). Pour éviter la confusion, remplace la première personne par la troisième (*il trouva, il inclina* ≠ *il oubliait*).

2 Attention à ne pas oublier la cédille sous le c d'*énonçait*. Pour obtenir le son [s], il faut mettre une cédille sous le *c* devant un *a*, un *o* ou un *u*.

Un homme d'une cinquantaine d'années, petit, maigre et laid, me regardait avec mécontentement.

– Pourquoi n'aviez-vous pas averti la réceptionniste de votre arrivée ? me demanda-t-il.

Je ne trouvai rien à répondre et ne répondis rien. J'inclinai la tête et les épaules, constatant qu'en une dizaine de minutes, sans avoir prononcé un seul mot, j'avais déjà produit une mauvaise impression, le jour de mon entrée dans la compagnie Yumimoto.

L'homme me dit qu'il s'appelait monsieur Saito. Il me conduisit à travers d'innombrables et immenses salles, dans lesquelles il me présenta à des hordes de gens, dont j'oubliais les noms au fur et à mesure qu'il les énonçait.

RÉÉCRITURE

Les modifications sont mises en couleur.

« Mes supérieurs lurent mon travail, poussèrent un petit cri méprisant et le déchirèrent :

– Recommencez.

J'eus envie de demander où était mon erreur, mais il était clair que mes chefs ne toléraient pas les questions, comme l'avait prouvé leur réaction à mon investigation au sujet du destinataire. »

Attention !
Il faut mettre non seulement « mon supérieur » mais aussi « mon chef » au pluriel, puisqu'il s'agit de la même personne.
Cri et *réaction* peuvent être mis au pluriel ou laissés au singulier.

TRAVAIL D'ÉCRITURE

Voici un exemple de rédaction sur chacun des deux sujets.
Attention les titres en couleur ne doivent pas figurer sur ta copie.

Sujet A

[Présentation du défi] Ce matin-là, j'avais décidé de combattre ma timidité en relevant un défi en apparence insurmontable pour moi : monter sur les planches. Je décidai donc de m'inscrire à un cours de théâtre.

[Mise en œuvre du défi] Je me rendis dans le centre d'animation de mon quartier et je me retrouvai sur la scène d'un petit théâtre devant un personnage impressionnant qui se révéla être le professeur d'art dramatique.

– Peux-tu nous dire un texte de ton choix ? l'entendis-je me demander.

Prise de court, je balbutiai :

– Maître Corbeau sur un arbre perché…

– Parle plus fort, m'intima-t-il d'une voix de stentor. On ne t'entend pas !

Je pris mon courage à deux mains et répétai d'une voix un peu plus forte :

– Maître Corbeau sur un arbre perché…

– Articule ! m'ordonna la voix de stentor.

– Maî-tre cor-beau sur un ar-bre per-ché, répétai-je en essayant de détacher les syllabes. J'étais terrorisée. J'aurais aimé m'enfuir, mais j'étais comme paralysée. Je sentais tous les regards fixés sur moi malgré les projecteurs qui m'éblouissaient.

– Reprends sans regarder tes pieds, entendis-je encore clamer la voix de stentor.

– Maître Cor…

Ma voix se brisa et mes yeux se remplirent de larmes. Je me sentais ridicule.

[Réussite du défi] Alors je me révoltai et hurlai au professeur :

– Je ne suis pas venue pour me faire humilier. Je n'ai jamais fait de théâtre. Je voulais vaincre ma timidité. Je pensais que c'était une bonne idée, mais je vois que je me suis trompée.

Étrangement, ma voix était devenue forte et je n'avais plus peur.

– Tu vois quand tu veux ! me félicita le professeur. Reprends la fable.

– Maître Corbeau sur un arbre perché…

Attention !
Si tu choisis, comme ici, d'employer les temps du passé, sois vigilant pour la conjugaison du passé simple, en particulier pour la première personne du singulier (*ai* ≠ *ais*).

Conseil
Tu peux utiliser le comique de répétition pour rendre ton texte plaisant à lire.

Ma voix retentit à mes oreilles, claire et forte. Je pris plaisir à dire les vers de La Fontaine, à jouer tour à tour le vaniteux corbeau et le rusé flatteur ; je sentais la présence du public et son écoute attentive. J'étais bien dans le rond de lumière des projecteurs.

[Conclusion] Lorsque je me tus, tout le monde applaudit et je me permis un petit salut. Non seulement j'avais relevé avec succès le défi que je m'étais lancé, mais j'avais en plus trouvé ma vocation : je serai comédienne.

Sujet B

[Introduction] Le travail est généralement considéré comme une contrainte. On l'oppose souvent aux loisirs qui sont associés à la détente et au plaisir. Mais les choses sont-elles aussi simples ? Le travail n'est-il réellement qu'un effort pénible ?

[Aspects négatifs du travail] Bien sûr, si l'on songe à l'esclavage, au travail répétitif et fastidieux des ouvriers sur les chaînes de montage ou à l'exploitation révoltante des enfants dans le monde, il est impossible d'affirmer que le travail est un épanouissement. Il peut être dévalorisant, déshumanisant, voire dégradant. Dans nos sociétés occidentales, il conduit parfois à la dépression, au *burn-out*.

[Aspects positifs du travail] Cependant, le travail peut se présenter sous bien d'autres formes. Prenons le cas du travail scolaire : c'est avant tout une chance donnée aux jeunes de s'enrichir, de développer leurs capacités intellectuelles. Bien sûr, apprendre une leçon, ne pas baisser les bras devant un exercice de mathématiques difficile demande un réel effort, mais la réussite au contrôle, la découverte de la solution du problème apporte un vrai sentiment de satisfaction.

Conseil
Pour introduire un argument qui s'oppose au précédent, emploie des connecteurs logiques qui marquent l'opposition : *cependant, mais, or…*

D'ailleurs, les loisirs demandent aussi leur lot d'efforts et de contraintes. Ainsi, pour réussir et s'épanouir dans un sport, ne faut-il pas de longues heures d'entraînement ? Pour prendre plaisir à courir longtemps, ne faut-il pas savoir dépasser sa douleur ? Pour jouer d'un instrument de musique, combien d'heures de répétition nécessaires ! Mais au bout de tous ces efforts, quelle jouissance que de marquer un but ou de saluer sous les applaudissements !

[Conclusion] Le travail, s'il apparaît tout d'abord comme une contrainte, peut devenir une véritable source d'épanouissement et même de plaisir.

DÉNONCER

SUJET

8

Sujet inédit • Agir dans la cité : individu et pouvoir
50 points

Une insoumise

Ce sujet regroupe tous les exercices de français de la 2de épreuve écrite.

1re partie • Analyse et interprétation de textes et de documents (1 heure)

DOCUMENT A Texte littéraire

Anouilh revisite le mythe antique d'Antigone, fille d'Œdipe, déjà raconté par le dramaturge grec Sophocle. Les deux frères d'Antigone, Étéocle et Polynice, se sont entretués pour accéder au pouvoir. Créon, le nouveau roi, refuse que Polynice, le cadet, soit enterré. Quiconque bravera cet interdit sera condamné à mort.

CRÉON (*à Antigone*). – Où t'ont-ils arrêtée ?

LE GARDE. – Près du cadavre, chef.

CRÉON. – Qu'allais-tu faire près du cadavre de ton frère ? Tu savais que j'avais interdit de l'approcher.

LE GARDE. – Ce qu'elle faisait, chef ? C'est pour ça qu'on vous l'amène. Elle grattait la terre avec ses mains. Elle était en train de le recouvrir encore une fois.

CRÉON. – Sais-tu bien ce que tu es en train de dire, toi ?

LE GARDE. – Chef, vous pouvez demander aux autres. On avait dégagé le corps à mon retour ; mais avec le soleil qui chauffait, comme il commençait à sentir, on s'était mis sur une petite hauteur, pas loin, pour être dans le vent. On se disait qu'en plein jour on ne risquait rien. Pourtant on avait décidé, pour être plus sûrs, qu'il y en aurait toujours un de nous trois qui le regarderait. Mais à midi, en plein soleil, et puis avec l'odeur qui montait depuis que le vent était tombé, c'était comme un coup de massue. J'avais beau écarquiller les yeux, ça tremblait comme de la gélatine, je voyais plus. Je vais au camarade lui demander une chique pour passer ça… Le temps que je me la cale à la joue, chef, le temps que je lui dise merci, je me retourne : elle était là à gratter avec ses mains. En plein jour ! Elle devait bien penser qu'on ne pouvait pas ne pas la voir. Et quand elle a vu que je lui courais dessus, vous croyez qu'elle s'est arrêtée, qu'elle a essayé de se sauver peut-être ? Non. Elle a continué de toutes ses forces aussi vite qu'elle le pouvait, comme si elle ne me voyait pas arriver. Et quand je l'ai empoignée, elle se débattait comme une diablesse, elle voulait continuer encore, elle me criait de la laisser, que le corps n'était pas encore recouvert…

CRÉON (*à Antigone*). – C'est vrai ?

ANTIGONE. – Oui, c'est vrai.

LE GARDE. – On a découvert le corps, comme de juste, et puis on a passé la relève, sans parler de rien, et on est venu vous l'amener, chef. Voilà.

CRÉON. – Et cette nuit, la première fois, c'était toi aussi ?

ANTIGONE. – Oui. C'était moi. Avec la petite pelle de fer qui nous servait à faire des châteaux de sable sur la plage, pendant les vacances. C'était justement la pelle de Polynice. Il avait gravé son nom au couteau sur le manche. C'est pour cela que je l'ai laissée près de lui. Mais ils l'ont prise. Alors, la seconde fois, j'ai dû recommencer avec mes mains.

LE GARDE. – On aurait dit une petite bête qui grattait. Même qu'au premier coup d'œil, avec l'air chaud qui tremblait, le camarade dit : « Mais non, c'est une bête. » « Penses-tu, je lui dis, c'est trop fin pour une bête. C'est une fille. »

CRÉON. – C'est bien. On vous demandera peut-être un rapport tout à l'heure. Pour le moment, laissez-moi seul avec elle. […]

Les gardes sont sortis […]. Créon et Antigone sont seuls l'un en face de l'autre. […] Un silence. Ils se regardent.

CRÉON. – Pourquoi as-tu tenté d'enterrer ton frère ?

ANTIGONE. – Je le devais.

CRÉON. – Je l'avais interdit.

ANTIGONE. – Je le devais tout de même. Ceux qu'on n'enterre pas errent éternellement sans jamais trouver de repos. Si mon frère vivant était rentré harassé d'une longue chasse, je lui aurais enlevé ses chaussures, je lui aurais fait à manger, je lui aurais préparé son lit… Polynice aujourd'hui a achevé sa chasse. Il rentre à la maison où mon père et ma mère, et Étéocle aussi l'attendent. Il a droit au repos. […]

CRÉON. – Tu savais le sort qui était promis à celui, quel qu'il soit, qui oserait lui rendre les honneurs funèbres ?

ANTIGONE. – Oui, je le savais.

Jean Anouilh, *Antigone*, 1944, © Éditions de la Table ronde.

FRANÇAIS

DOCUMENT B

Bruno Raffaelli et Françoise Gillard apparaissent ici dans la mise en scène de la pièce d'Anouilh par Marc Paquien, au théâtre du Vieux-Colombier (Comédie-Française), en septembre-octobre 2012.

QUESTIONS **20 POINTS**

Les réponses doivent être entièrement rédigées.

Sur le texte littéraire (document A)

▶ **1.** À quel genre littéraire ce texte appartient-il ? Soyez le plus précis possible et justifiez votre réponse à l'aide du texte. *(3 points)*

▶ **2. a)** Quelle tâche Antigone s'impose-t-elle ? *(1 point)*
b) Pourquoi ? *(1 point)*
c) Quelle peine encourt-elle ? *(1 point)*

▶ **3.** Quel est le niveau de langage employé par le garde ? Justifiez votre réponse au moyen d'éléments relevés dans le texte. *(2 points)*

▶ **4.** « […] le camarade dit : "Mais non, c'est une bête." "Penses-tu, je lui dis, c'est trop fin pour une bête. C'est une fille." » (lignes 41 à 43)
a) De quelle façon les paroles échangées par les deux gardes sont-elles rapportées ? *(1 point)*
b) À votre avis, pourquoi ce choix ? *(2 points)*

▶ **5.** Que pensez-vous de l'attitude d'Antigone ? A-t-elle raison, selon vous, de refuser d'obéir au pouvoir en place ? Justifiez votre réponse en vous appuyant sur le texte mais aussi sur une réflexion personnelle et des exemples historiques. *(3 points)*

Sur le texte et l'image (**documents A et B**)

▶ **6.** Observez la photographie. Quels sont les choix du metteur en scène concernant le décor, les costumes, l'attitude des personnages ? *(3 points)*

▶ **7.** Ces choix correspondent-ils à l'idée que vous vous faites des personnages et de la scène entre Antigone et Créon ? *(3 points)*

2de partie • Rédaction et maîtrise de la langue (2 heures)

DICTÉE — 5 POINTS

Le titre et la source de l'extrait sont écrits au tableau au début de la dictée.

Jean Anouilh
Antigone, 1944
© Éditions de la Table ronde

Une jeune révoltée

Comprendre… Vous n'avez que ce mot-là dans la bouche, tous, depuis que je suis toute petite. Il fallait comprendre qu'on ne peut pas toucher à l'eau, à la belle et fuyante eau froide parce que cela mouille les dalles, à la terre parce que cela tache les robes. Il fallait comprendre qu'on ne doit pas manger tout à la fois, donner tout ce qu'on a dans ses poches au mendiant qu'on rencontre, courir, courir dans le vent jusqu'à ce qu'on tombe par terre et boire quand on a chaud et se baigner quand il est trop tôt ou trop tard, mais pas juste quand on en a envie ! Comprendre. Toujours comprendre. Moi, je ne veux pas comprendre.

RÉÉCRITURE — 5 POINTS

« Elle a continué de toutes ses forces aussi vite qu'elle le pouvait, comme si elle ne me voyait pas arriver. Et quand je l'ai empoignée, elle se débattait comme une diablesse. »

Réécrivez le passage en remplaçant « elle » par « elles » et en procédant à toutes les modifications nécessaires.

TRAVAIL D'ÉCRITURE 20 POINTS

Vous traiterez au choix le sujet A ou le sujet B.
Votre rédaction sera d'une longueur minimale d'une soixantaine de lignes (300 mots environ).

Sujet A

Vous avez été amené(e) à vous opposer à une injustice. Vous commencerez par exposer les circonstances de cette expérience. Vous ferez part de vos réflexions, de vos sentiments et surtout des arguments que vous avez employés pour convaincre vos interlocuteurs.

Sujet B

Imaginez le monologue théâtral d'Antigone parlant à son frère défunt pendant qu'elle tente de recouvrir son corps de terre en lui expliquant les raisons de son geste. Vous respecterez la présentation d'une scène de théâtre et vous introduirez quelques didascalies pour indiquer le ton ou les gestes d'Antigone.

LES CLÉS DU SUJET

■ Les documents

Le texte littéraire (document A)

Anouilh revisite le mythe antique d'Antigone. Il écrit cette pièce durant la Seconde Guerre mondiale, sous l'occupation allemande : ce contexte donne un éclairage particulier au mythe : comment ne pas associer l'attitude d'Antigone à celle des résistants et à leur refus d'obéissance au gouvernement de Vichy, parfois au sacrifice de leur vie ?

L'image (document B)

Dans cette mise en scène Marc Paquien, fait le choix de la modernité : les costumes sont actuels et non antiques ; Créon ne possède aucun attribut royal ; le décor est dépouillé.

■ Travail d'écriture (Sujet A)

Recherche d'idées

- Décide d'abord de quelle injustice tu veux parler (harcèlement, racket, racisme, etc.). Tu peux t'inspirer d'une expérience vécue ou en imaginer une à partir de reportages ou d'articles que tu as vus/lus.
- Choisis ensuite tes arguments : lâcheté, refus de l'autre, de ses différences, non-assistance à personne en danger…
- Choisis aussi tes interlocuteurs : camarades de classe, voisins, personnes croisées dans un lieu public…

Conseils de rédaction

- Commence par présenter l'injustice en question et tes sentiments à ce sujet (malaise, tristesse, dégoût, révolte...).
- Précise les circonstances de ton intervention : heure de vie de classe, cour de récréation, lieu public...
- Présente ensuite tes arguments de façon structurée.
- Conclus par l'effet de ton intervention sur ton auditoire.

■ Travail d'écriture (Sujet B)

Recherche d'idées

- Demande-toi quelle pouvait être la relation qui unissait Antigone à son frère (tendresse, admiration, connivence...).
- Tu dois t'inspirer des arguments employés par Antigone dans l'extrait pour expliquer son geste : qu'il faut accomplir les rites, que c'est son devoir de sœur, qu'un corps sans sépulture ne trouvera jamais le repos.

Conseils de rédaction

- Puise à la fois dans le champ lexical des sentiments (chéri, chérir, aimer, tendre, douleur, déchirement...) et dans celui du devoir (nécessité, tâche, rôle, obligation, promesse...).
- N'oublie pas la présence des gardes à proximité : cela te permettra d'introduire un sentiment d'urgence et de danger.

CORRIGÉ 8

1re partie • Analyse et interprétation de textes et de documents

QUESTIONS

▶ **1.** Ce texte est une **scène de théâtre**, comme le montrent les noms des personnages placés devant les répliques et les **didascalies** en italique.

Elle est extraite d'une **tragédie** antique revisitée par un auteur moderne. Les personnages sont de **condition royale**, à l'exception du garde.

Il y est question de **devoir**, de **vie** et de **mort**. Le **dénouement de la pièce s'annonce fatal** : l'héroïne est prête à sacrifier sa vie pour ne pas renoncer à ce qu'elle pense être son devoir.

▶ **2. a)** Antigone tente de recouvrir de terre le corps de son frère Polynice, laissé sans sépulture sur l'ordre du roi Créon.

b) Elle s'impose cette tâche, car elle veut que Polynice trouve le repos dans la mort : elle considère que cela relève de **son devoir de sœur**.

c) Elle encourt la **peine de mort**.

▶ **3.** Le garde s'exprime dans un niveau de langage **familier**. Il emploie des constructions et des expressions familières, comme par exemple l'oubli du premier élément de la négation : « je voyais plus » à la place de « je ne voyais plus ». Ou bien encore : « Je vais au camarade lui demander une chique pour passer ça. »

▶ **4. a)** Les paroles sont rapportées au **discours direct**, telles qu'elles ont été prononcées, entre guillemets.

b) Cela rend la scène **plus vivante**, plus naturelle et conserve au dialogue des gardes toute sa truculence.

▶ **5.** On peut bien sûr penser que le geste d'Antigone est inutile face à l'intransigeance de Créon. Son sacrifice peut sembler vain : elle devrait plutôt choisir de vivre. Cependant, s'il n'existait pas d'Antigone pour s'opposer à l'inacceptable, que serait le monde dans lequel nous vivons ? Ainsi, le sacrifice des résistants ou les risques pris par certains Français pour protéger des familles juives pendant la Seconde Guerre mondiale ne doivent pas être oubliés.

Sans aller jusqu'au sacrifice de sa vie, il faut être capable de ne pas se laisser aller à de petites lâchetés et de ne pas se taire lorsque l'on est témoin d'une injustice, d'un racket ou d'une agression par exemple.

▶ **6.** Dans cette version d'*Antigone*, le metteur en scène a opté pour un **décor simple**, dépouillé, dans des teintes de gris.

Les **costumes** sont modernes : Antigone porte un pantalon gris et une chemise d'homme, et les cheveux courts à la garçonne. Créon est en costume-cravate, mais sans sa veste, en bras de chemise et bretelles, la cravate de travers. Rien ne rappelle ses fonctions de roi, ni sceptre ni couronne.

Antigone, derrière Créon, semble révoltée et déterminée. Son visage exprime une sensibilité à fleur de peau, à la fois souffrance et conviction. Créon, lui, semble fatigué, accablé par sa tâche de roi et par son impuissance à faire entendre raison à la jeune insoumise.

▶ **7.** Bien sûr, il existe bien d'autres possibilités de mise en scène : certains pourront préférer des costumes antiques, d'autres insisteront sur le contexte de l'occupation nazie. Cependant, cette version épurée, pleine de sobriété, nous emmène au plus proche de l'universalité du mythe.

2de partie • Rédaction et maîtrise de la langue

DICTÉE

POINT MÉTHODE

1 Attention aux terminaisons verbales. Tu ne dois pas confondre :

– la deuxième personne du pluriel du **présent de l'indicatif** : *vous n'avez* ;

– la troisième personne du singulier de l'**imparfait** : *il fallait* (action **passée**) ;

– l'**infinitif** des verbes du premier groupe : *toucher, manger, donner, se baigner*.

2 Ne confonds pas les homophones : *ce* et *se* ; *a* et *à*.

Comprendre… Vous n'avez que ce mot-là dans la bouche, tous, depuis que je suis toute petite. Il fallait comprendre qu'on ne peut pas toucher à l'eau, à la belle et fuyante eau froide parce que cela mouille les dalles, à la terre parce que cela tache les robes. Il fallait comprendre qu'on ne doit pas manger tout à la fois, donner tout ce qu'on a dans ses poches au mendiant qu'on rencontre, courir, courir dans le vent jusqu'à ce qu'on tombe par terre et boire quand on a chaud et se baigner quand il est trop tôt ou trop tard, mais pas juste quand on en a envie ! Comprendre. Toujours comprendre. Moi, je ne veux pas comprendre.

RÉÉCRITURE

Les modifications sont mises en couleur.

« Elles ont continué de toutes leurs forces aussi vite qu'elles le pouvaient, comme si elles ne me voyaient pas arriver. Et quand je les ai empoignées, elles se débattaient comme des diablesses. »

Attention !
Le participe passé *empoignées* est employé avec l'auxiliaire *avoir* et s'accorde donc avec le pronom COD *les,* féminin pluriel.

TRAVAIL D'ÉCRITURE

Voici un exemple de rédaction sur chacun des deux sujets.
Attention les titres en couleur ne doivent pas figurer sur ta copie.

Sujet A

[Présentation de l'injustice et des sentiments ressentis] L'an dernier, j'ai été témoin d'une injustice : un nouvel élève était arrivé dans la classe ; très vite, il est devenu le bouc émissaire de tous. Pour moi, la situation était intolérable : je ne supporte pas les injustices. Aussi, ai-je décidé d'en parler. Ce n'était pas

FRANÇAIS

facile, car je suis plutôt timide. Cependant, je n'avais pas le choix : cela me tourmentait, m'empêchait de dormir. Je ne voulais pas être témoin et encore moins complice d'un tel acharnement.

[Les circonstances de la prise de parole] Un jour, à l'heure de la vie de classe, j'ai pris mon courage à deux mains et j'ai décidé de prendre la parole. J'ai commencé par parler d'*Antigone*, la pièce d'Anouilh que nous étions en train d'étudier. J'ai rappelé à mes camarades qu'il fallait parfois savoir dire non. Nous en étions tous d'accord. Eh bien, le moment était venu d'en faire nous-mêmes l'expérience.

> **Conseil**
> Varie les moyens de rapporter les paroles : discours indirect, discours indirect libre et discours direct. N'oublie pas les guillemets au discours direct.

[1er argument : les différences de chacun sont source de richesse] « Nous ne pouvons plus continuer à harceler Paul, ai-je dit. C'est l'un des nôtres. Nous sommes tous différents, c'est ce qui fait la richesse de notre classe. Apprenons à mieux le connaître.

[2e argument : s'attaquer à plus faible que soi est lâche et cruel] De plus, ai-je continué, c'est lâche de s'en prendre à quelqu'un de plus faible, qui est seul contre tous. C'est tellement facile ! On dirait une meute de chiens qui s'acharne sur une proie. En réalité, c'est vous qui êtes faibles, sans honneur, sans dignité. »

Quelques rires ont fusé, quelques plaisanteries ont été lancées, mais très vite le silence s'est fait.

[3e argument : le harcèlement peut mettre en danger de la vie d'autrui] « Et surtout, je refuse d'être complice : Paul est absent aujourd'hui, comme souvent. Il semble profondément affecté par toutes les méchancetés qu'il subit sans cesse. J'ai peur pour lui. N'avez-vous pas vu à la télévision la campagne contre le harcèlement : les conséquences peuvent être tragiques et nous serons tous coupables. »

[Conclusion] Alors, d'autres ont pris la parole. Nous avons décidé de téléphoner, d'envoyer des textos ou des mails le soir même à Paul pour lui demander de nous excuser.

Sujet B

[Évocation des souvenirs heureux, de la complicité passée] ANTIGONE *(penchée sur le corps de son frère)* Polynice, mon frère, toi qui as partagé mes secrets, toi qui m'as initiée aux jeux les plus intrépides, toi qui m'as tiré les cheveux quand nous nous disputions, mais qui savais aussi me protéger, comment pourrais-je t'abandonner, solitaire et rejeté de tous,

> **Attention !**
> Place bien le nom du personnage devant sa tirade sans guillemets ni verbe introducteur et pense aux didascalies.

condamné à être dévoré par les corbeaux, sous les yeux de ces deux gardes stupides qui ne savent qu'obéir ? *(Elle regarde dans leur direction)* Il faut que je fasse vite avant d'être découverte.

[Explication, justification de son geste] De toute façon, je préfère braver la mort que de vivre avec le remords de t'avoir renié : comment pourrais-je profiter du jour, de la caresse du soleil, de la douceur de la pluie, de la sérénité de la nuit, si je te sais errant sans sépulture dans les ténèbres de la mort ? Et si ta sœur, ta petite Antigone, ne le fait pas, qui le fera ? *(Chuchotant d'une voix douce)* Regarde, j'ai pris la petite pelle sur laquelle papa avait gravé ton nom et avec laquelle nous faisions des châteaux dans le sable. Je te revois, les cheveux pleins de sel et le corps hâlé. Tu étais mon héros, j'étais ta princesse.

> **Conseil**
> N'oublie pas de faire allusion aux gardes qui peuvent à tout moment arrêter Antigone.

[Révolte d'Antigone devant la mort de ses frères] Quelle tristesse que ce pouvoir maudit vous ait poussés à vous battre à mort, vous, mes deux frères chéris, Polynice et Étéocle ! Quelle est cette soif dévorante qui a fait se déchirer deux frères jadis si complices ?

[Dernière promesse] Dors en paix, mon Polynice. Et ne t'inquiète pas, s'ils viennent te découvrir, je reviendrai, s'ils m'emmènent, je m'échapperai et s'ils m'enferment, je serai là par la pensée. Antigone sera toujours avec toi.

SUJET

9

Sujet inédit • Agir dans la cité : individu et pouvoir
50 points

Résister

Ce sujet regroupe tous les exercices de français de la 2de épreuve écrite.

1re partie • Analyse et interprétation de textes et de documents (1 heure)

DOCUMENT A Texte littéraire

Paul Éluard, poète surréaliste engagé, écrit ce poème en 1942, pendant la Seconde Guerre mondiale, alors que Paris est occupée par l'armée allemande et que les Parisiens souffrent de nombreuses privations.

Paris a froid Paris a faim
Paris ne mange plus de marrons dans la rue
Paris a mis de vieux vêtements de vieilles
Paris dort tout debout sans air dans le métro
[…]
Ne crie pas au secours Paris
Tu es vivant d'une vie sans égale
Et derrière la nudité
De ta pâleur de ta maigreur
Tout ce qui est humain se révèle en tes yeux
Paris ma belle ville
Fine comme une aiguille forte comme une épée
Ingénue et savante
Tu ne supportes pas l'injustice
Pour toi c'est le seul désordre
Tu vas te libérer Paris
Paris tremblant comme une étoile
Notre espoir survivant
Tu vas te libérer de la fatigue et de la boue
Frères ayons du courage
Nous qui ne sommes pas casqués
Ni bottés ni gantés ni bien élevés

Un rayon s'allume en nos veines
Notre lumière nous revient
Les meilleurs d'entre nous sont morts pour nous
Et voici que leur sang retrouve notre cœur
Et c'est de nouveau le matin un matin de Paris
La pointe de la délivrance
L'espace du printemps naissant
La force Idiote a le dessous
Ces esclaves nos ennemis
S'ils ont compris
S'ils sont capables de comprendre
Vont se lever.

Paul Éluard, « Courage », *Au rendez-vous allemand*,

DOCUMENT B **Barricade rue de la Huchette, août 1944**

Cette photographie a été prise par Robert Doisneau (1912-1994) au cours des combats pour la libération de Paris, en août 1944.

QUESTIONS 20 POINTS

Les réponses doivent être entièrement rédigées.

Sur le texte littéraire (document A)

▶ **1.** À qui le poète s'adresse-t-il successivement ? Justifiez votre réponse à l'aide d'éléments relevés dans le texte. *(2 points)*

▶ **2. a)** Au moyen de quelle figure de style Éluard évoque-t-il Paris ? *(1 point)*

b) Relevez les comparaisons employées par le poète aux vers 11 et 16, puis cochez le ou les adjectifs qui les caractérisent : *(2 points)*

❑ Valorisantes.
❑ Dévalorisantes.
❑ Contradictoires.

▶ **3.** Quels sentiments le poète éprouve-t-il pour sa ville ? *(2 points)*

▶ **4.** Comment comprenez-vous les groupes nominaux suivants : « un matin de Paris » (vers 26) et « l'espace du printemps naissant » (vers 28) ? *(2 points)*

▶ **5. a)** Quelles sont, selon vous, les intentions de Paul Éluard lorsqu'il écrit ce poème ? *(2 points)*

b) Comment cherche-t-il à rendre son poème convaincant ? *(2 points)*

▶ **6.** Pensez-vous que l'art (la poésie, la peinture, le dessin, la musique…) puisse être un moyen de lutte ? *(3 points)*

Sur le texte et l'image (documents A et B)

▶ **7.** Observez la photographie.

a) À quels vers du poème fait-elle écho ? *(2 points)*

b) Quelles impressions suscite-t-elle en vous ? *(2 points)*

2de partie • Rédaction et maîtrise de la langue (2 heures)

DICTÉE 5 POINTS

Le titre et la source de l'extrait sont écrits au tableau au début de la dictée.

Joseph Kessel
L'Armée des ombres, 1943

Éloge de la Résistance

La France n'a plus de pain, de vin, de feu. Mais surtout elle n'a plus de lois. La désobéissance civique, la rébellion individuelle ou organisée sont devenues devoirs envers la patrie. [...]

La France vivante, saignante, est toute dans les profondeurs. C'est vers l'ombre qu'elle tourne son visage inconnu et vrai. [...]

Jamais la France n'a fait guerre plus haute et plus belle que celle des caves où s'impriment ses journaux libres, des terrains nocturnes et des criques secrètes où elle reçoit ses amis libres et d'où partent ses enfants libres, des cellules de torture où malgré les tenailles, les épingles rougies au feu et les os broyés, des Français meurent en hommes libres.

RÉÉCRITURE 5 POINTS

« Frères ayons du courage
Nous qui ne sommes pas casqués
Ni bottés ni gantés ni bien élevés
Un rayon s'allume en nos veines »

Réécrivez le passage en remplaçant « frères » par « frère » et la première personne du pluriel par la deuxième du singulier.

TRAVAIL D'ÉCRITURE 20 POINTS

Vous traiterez au choix le sujet A ou le sujet B.

Votre rédaction sera d'une longueur minimale d'une soixantaine de lignes (300 mots environ).

Sujet A

Vous êtes l'un des hommes sur la photographie de Doisneau. Racontez la scène que vous avez vécue. Décrivez vos sentiments. Vous introduirez un court dialogue.

Sujet B

Vous êtes à la veille d'un événement important – compétition, spectacle, concert, etc. Vous prenez la parole devant vos camarades pour leur demander de donner le meilleur d'eux-mêmes. Vous emploierez au moins trois arguments pour essayer de les convaincre.

LES CLÉS DU SUJET

■ Les documents

Le texte littéraire (document A)

« Courage » est extrait du recueil *Au rendez-vous allemand*, écrit par le poète surréaliste Paul Éluard pendant l'occupation allemande. C'est un poème engagé, un appel à la résistance.

L'image (document B)

Cette photographie a été prise par Robert Doisneau lors de l'insurrection populaire contre l'occupant allemand et les combats pour la libération de Paris, qui ont eu lieu entre le 19 et le 25 août 1944.

■ Travail d'écriture (Sujet A)

Recherche d'idées

- Observe la photographie : le lieu, les éléments du décor, les personnages, les relations qui semblent les unir (camaraderie, connivence, même volonté de lutter, proximité dans le danger…).
- Choisis le personnage qui t'inspire le plus, celui dont tu as envie de faire ton narrateur.
- Tu peux aussi imaginer ce qui s'est passé avant la prise de la photographie : l'édification de la barricade, le rendez-vous donné la veille au soir ou au petit matin, etc.

Conseils de rédaction

- Il faut que tu racontes à la première personne.
- Commence ton récit en situant la scène : date, lieu… Il s'agit d'un événement historique : tu dois être précis.
- Essaie de rendre compte de la tension qui règne au moyen d'un lexique fort et expressif : champs lexicaux de la lutte (combattre, affronter, lutte, résistance, ennemi, dangereux, mortel…) et de l'espoir (libération, lendemains meilleurs…).

■ Travail d'écriture (Sujet B)

Recherche d'idées

• Choisis une situation que tu as vécue ou un contexte qui t'es familier : si tu es sportif, une compétition ; si tu es musicien, ce peut être un concert.

• Tu dois provoquer un élan chez le lecteur : utilise des phrases injonctives, un lexique fort et des procédés de style (anaphore, métaphores…).

Conseils de rédaction

• Adresse-toi directement à ton auditoire. Tu emploieras parfois l'impératif.

• Il s'agit de convaincre au moyen d'arguments logiques. Il faut que tu en proposes au moins trois : le succès du groupe dépend de l'implication de chacun ; le groupe est à la veille d'un événement exceptionnel qui ne se reproduira peut-être plus jamais ; il faut que chacun donne le meilleur de lui-même pour ne pas avoir de regrets, etc.

CORRIGÉ 9

1re partie • Analyse et interprétation de textes et de documents

QUESTIONS

▶ **1.** Le poète s'adresse d'abord à **Paris** (vers 5 à 18) : « Ne crie pas au secours Paris/Tu es vivant d'une vie sans égale ». Il s'adresse ensuite aux **Parisiens**, ses « frères » d'armes qu'il appelle à la révolte (vers 19 à 33).

▶ **2. a)** Éluard **personnifie** Paris qu'il décrit vêtue comme une « vieille » qui « ne mange plus de marrons dans la rue », « qui dort debout dans le métro », qui souffre des privations et a perdu toute joie de vivre. Par cette **personnification**, il rend la ville humaine et émouvante.

b) Les comparaisons employées par Éluard sont **valorisantes**, parfois **contradictoires** : Paris est à la fois « fine comme une aiguille » et « forte comme une épée », elle tremble « comme une étoile », fragile mais lumineuse.

> **Zoom**
> La personnification est un procédé stylistique consistant à évoquer une chose, une idée comme s'il s'agissait d'un être humain.

▶ **3.** Ce poème est une déclaration d'amour à Paris. Éluard éprouve à la fois de la **compassion** et de l'**admiration** pour sa « belle ville ».

▶ **4.** Il s'agit de **métaphores** : le « matin », c'est la lumière qui succède à l'obscurité ; le « printemps », c'est la saison du renouveau. Par ces métaphores, Éluard évoque donc l'espoir qui renaît, celui de la libération.

▶ **5. a)** « Courage » est un **poème engagé**, écrit en 1942, durant l'Occupation. Son titre l'annonce d'emblée : c'est un appel à la révolte, à la résistance.

b) Par l'**anaphore** des quatre premiers vers (« Paris… »), qui crée un sentiment d'urgence, par l'emploi des 1re et 2e personnes (« tu » et « nous ») et par ses **phrases injonctives**, Éluard vise à provoquer un élan fraternel et patriotique chez les Parisiens : « Tu vas te libérer Paris » (vers 15), « Frères ayons du courage » (vers 19).

Au **champ lexical de la guerre** (« casqués », « bottés », « morts », « sang », « ennemis », etc.) il superpose celui de l'**espérance**, employé surtout de manière métaphorique : « espoir survivant », « un rayon s'allume en nos veines », « lumière », « matin », « délivrance », « printemps naissant ».

Zoom
Figure d'insistance, l'anaphore est la répétition, en tête de vers, d'une phrase ou de membres de phrase, d'un mot ou d'un groupe de mots.

▶ **6.** Par le pouvoir des mots, des images, des sons, l'art peut agir sur l'imaginaire, il peut rendre espoir, communiquer force et élan, constituer un rempart contre la barbarie. En témoigne le *Chant des partisans* (1943), hymne de la Résistance que sifflotaient les combattants des maquis. En témoignent également les milliers de textes, de dessins, de fleurs, de bougies qui ont surgi dans les rues de Paris après les attentats terroristes de janvier et novembre 2015.

▶ **7. a)** La photographie de Doisneau fait écho à la deuxième partie du poème d'Éluard (vers 18 à 33) : « Tu vas te libérer de la fatigue et de la boue… » Elle est une sorte de réponse à l'appel du poète : Paris a pris les armes, les Parisiens se sont soulevés.

b) La photographie évoque les scènes de barricades qui jalonnent l'histoire de Paris. Elle exprime la **vulnérabilité** face à « la force Idiote » : ces hommes en costume civil, armés seulement de fusils et sommairement protégés derrière des sacs de sable, évoquent ceux décrits par Éluard (« Frères ayons du courage/Nous qui ne sommes pas casqués/Ni bottés ni gantés ni bien élevés », vers 19-21). Sur leurs visages se lit la **détermination** de ceux qui luttent pour la liberté.

2de partie • Rédaction et maîtrise de la langue

DICTÉE

POINT MÉTHODE

1 Attention à l'accord des verbes *s'imprimer* et *partir* : leur sujet est inversé, placé après. N'oublie pas de les mettre au pluriel (*ent*).

2 Sois vigilant sur l'accord du participe passé *devenues* : il est conjugué avec l'auxiliaire *être* et donc s'accorde avec le sujet *la désobéissance civique, la rébellion individuelle ou organisée.*

3 Ne confonds pas les homophones *ou* (= *ou bien*) et *où*.

La France n'a plus de pain, de vin, de feu. Mais surtout elle n'a plus de lois. La désobéissance civique, la rébellion individuelle ou organisée sont devenues devoirs envers la patrie. [...]

La France vivante, saignante, est toute dans les profondeurs. C'est vers l'ombre qu'elle tourne son visage inconnu et vrai. [...] Jamais la France n'a fait guerre plus haute et plus belle que celle des caves où s'impriment ses journaux libres, des terrains nocturnes et des criques secrètes où elle reçoit ses amis libres et d'où partent ses enfants libres, des cellules de torture où malgré les tenailles, les épingles rougies au feu et les os broyés, des Français meurent en hommes libres.

RÉÉCRITURE

Les modifications sont mises en couleur.

« Frère aie du courage
Toi qui n'es pas casqué
Ni botté ni ganté ni bien élevé
Un rayon s'allume en tes veines »

Attention !
Ne confonds pas *aie* et *es*. *Aie* est la 2e personne du singulier de l'impératif présent du verbe *avoir* ; *es* est la 2e personne du singulier du présent de l'indicatif du verbe *être*.

TRAVAIL D'ÉCRITURE

Voici un exemple de rédaction sur chacun des deux sujets.
Attention les titres en couleur ne doivent pas figurer sur ta copie.

Sujet A

[Présentation des circonstances] C'était un matin. Ce 19 août 1944, la ville s'était réveillée tendue et déterminée. Le silence était porteur d'espoir. Les habitants étaient aux aguets derrière leurs volets. Nous étions une dizaine à nous être donné rendez-vous rue de la Huchette. Nous avions entassé des sacs de sable pour former une barricade censée nous protéger des tirs ennemis et empêcher le passage des chars allemands.

[Présentation des personnages] Nous n'étions ni casqués ni bottés. Certains de mes camarades arboraient fièrement une casquette ou un calot. Moi, j'étais tête nue, assis sur un des sacs. À nos pieds, nous portions des savates, des sandales... Un ou deux avaient un brassard. C'était nos uniformes. Armés de quelques fusils, les manches de nos chemises retroussées, nous étions prêts à affronter l'armée allemande. Nous nous sentions portés par un irrésistible élan de liberté. Nos regards se faisaient farouches. L'espoir coulait de nouveau dans nos veines. Nous allions reprendre en main notre destin et celui de Paris, notre belle ville si longtemps martyrisée. L'attente était pesante : nous étions anxieux et impatients ; nous avions hâte d'en découdre ; nos muscles se faisaient douloureux. Nous ne faisions plus qu'un, soudés par une même révolte.

Conseil
Pense à situer le personnage que tu as choisi.

[Court dialogue] Soudain, une rumeur se répand comme une traînée de poudre :

« Ils arrivent.

– Courage, camarades, dis-je à mes compagnons d'armes. Le moment est venu.

– Oui, le moment est venu ! »

La parole passe de l'un à l'autre, dans un long chuchotement.

Conseil
Tu peux employer le présent de narration pour donner plus de vivacité à l'action à un moment particulier du récit.

[Passage à l'action] Et nous avons pointé nos fusils avec plus de détermination encore vers le bout de la rue, dans l'attente de l'ennemi. Un photographe a immortalisé ce moment historique : j'ai participé, avec mes camarades, à la libération de Paris.

Sujet B

[Présentation de l'événement] Nous voici à la veille de cet événement tant attendu. Demain est un grand jour : nous allons monter sur les planches du théâtre de la Comédie pour présenter notre spectacle devant une centaine de personnes. Nous allons jouer *Antigone*. Il n'est plus temps de se poser de questions : il va falloir être tous à la hauteur du défi que nous nous sommes lancé et s'oublier pour incarner l'espace d'un soir les personnages d'Anouilh.

Bien sûr, je sais que nous aurons le trac, qu'il va nous envahir au moment d'entrer en scène, assécher notre gorge et faire flageoler nos jambes. Ne le laissons pas nous dominer.

N'oublions pas que c'est aussi pour cela que nous avons choisi d'être comédien, pour cette sensation si particulière au moment de quitter les coulisses pour entrer dans la lumière. Alors, voici ce que j'ai à vous dire :

[1er argument : l'aboutissement d'un long travail] Tout d'abord, nous avons bien travaillé. Chacun de nous connaît parfaitement son rôle. Les décors et les costumes sont prêts. Les projecteurs n'attendent plus que nous pour illuminer la scène. Alors, ayons du courage, entrons en scène d'un pas déterminé et soyons meilleurs que jamais. Sachez que nous formons une troupe et que nous devons tous être solidaires : la défection d'un seul et c'est tout le spectacle qui s'effondre.

[2e argument : le respect dû au public] Ensuite, il y a tous ces spectateurs qui ont réservé leur soirée pour venir nous applaudir : nos parents, nos proches, nos amis. Il ne faudra pas les décevoir.

[3e argument : une expérience unique] Enfin, une telle occasion ne se reproduira peut-être pas. Imaginez ! Nous allons jouer sur la scène d'un vrai théâtre. Alors, sachons savourer chaque instant de ce moment unique pour ne surtout pas avoir de regrets. Songez au plaisir du travail accompli quand nous saluerons sous les applaudissements.

[Conclusion] Voilà, je vous attends tous demain, déterminés, prêts à affronter les feux de la rampe. Les planches n'attendent plus que vous !

SUJET

10

Sujet inédit • Agir dans la cité : individu et pouvoir

50 points

L'exil

Ce sujet regroupe tous les exercices de français de la 2de épreuve écrite.

1re partie • Analyse et interprétation de textes et de documents (1 heure)

DOCUMENT A **Texte littéraire**

Originaire d'un pays ravagé par la guerre, M. Linh débarque un jour de novembre dans « un pays sans odeur », avec une « valise légère » et un bébé dans les bras.

C'est un vieil homme debout à l'arrière d'un bateau. Il serre dans ses bras une valise légère et un nouveau-né, plus léger encore que la valise. Le vieil homme se nomme Monsieur Linh. Il est le seul à savoir qu'il s'appelle ainsi car tous ceux qui le savaient sont morts autour de lui.

Debout à la poupe du bateau, il voit s'éloigner son pays, celui de ses ancêtres et de ses morts, tandis que dans ses bras l'enfant dort. Le pays s'éloigne, devient infiniment petit, et Monsieur Linh le regarde disparaître à l'horizon, pendant des heures, malgré le vent qui souffle et le chahute comme une marionnette.

Le voyage dure longtemps. Des jours et des jours. Et tout ce temps, le vieil homme le passe à l'arrière du bateau, les yeux dans le sillage blanc qui finit par s'unir au ciel, à fouiller le lointain pour y chercher encore les rivages anéantis.

Quand on veut le faire entrer dans sa cabine, il se laisse guider sans rien dire, mais on le retrouve un peu plus tard, sur le pont arrière, une main tenant le bastingage, l'autre serrant l'enfant, la petite valise de cuir bouilli posée à ses pieds.

Une sangle entoure la valise afin qu'elle ne puisse pas s'ouvrir, comme si à l'intérieur se trouvaient des biens précieux. En vérité, elle ne contient que des vêtements usagés, une photographie que la lumière du soleil a presque entièrement effacée, et un sac de toile dans lequel le vieil homme a glissé une poignée de terre. C'est là tout ce qu'il a pu emporter. Et l'enfant bien sûr.

[...]

Enfin, un jour de novembre, le bateau parvient à sa destination, mais le vieil homme ne veut pas descendre. Quitter le bateau, c'est quitter vraiment ce qui le rattache encore à sa terre. Deux femmes alors le mènent avec des gestes doux vers le quai, comme s'il était malade. Il fait froid, le ciel est couvert. Monsieur Linh respire l'odeur du pays nouveau. Il ne sent rien. Il n'y a aucune odeur. C'est un pays sans odeur. Il serre l'enfant plus encore contre lui, chante la chanson à son oreille. En vérité, c'est aussi pour lui-même qu'il la chante, pour entendre sa propre voix et la musique de sa langue.

Monsieur Linh et l'enfant ne sont pas seuls sur le quai. Ils sont des centaines, comme eux. Vieux et jeunes, attendant docilement, leurs maigres effets à leurs côtés, attendant sous un froid tel qu'ils n'en ont jamais connu qu'on leur dise où aller. Aucun ne se parle. Ce sont de frêles statues aux visages tristes, et qui grelottent dans le plus grand silence.

Philippe Claudel, *La Petite Fille de Monsieur Linh*, 2005, © Stock.

DOCUMENT B **Barthélémy Toguo, *Road to exile* (2008)**

Né en 1967 au Cameroun, Barthélémy Toguo est un artiste de renommée internationale. Avec cette « barque de l'exode », il explore le thème de l'exil mais aussi, en filigrane, la possibilité d'une autre vie.

AGIR DANS LA CITÉ

QUESTIONS 20 POINTS

Les réponses doivent être entièrement rédigées.

Sur le texte littéraire (document A)

▶ **1.** Qui est Monsieur Linh ? Qu'apprend-on sur lui ? *(2 points)*

▶ **2.** Que ressent Monsieur Linh ? Justifiez vos réponses en citant des éléments du texte. *(2 points)*

▶ **3.** Comment Monsieur Linh essaie-t-il de rester en contact avec son pays perdu ? *(3 points)*

▶ **4.** Quelles sont les images employées par Philippe Claudel pour caractériser Monsieur Linh et les autres réfugiés ? *(2 points)*

▶ **5.** Quel est le sens dans le texte du verbe « chahuter » (ligne 10) ? *(1 point)*

▶ **6.** Quels sont les temps utilisés dans cet extrait ? Expliquez leur emploi. *(2 points)*

▶ **7.** Quelle impression ce texte produit-il sur vous ? *(2 points)*

Sur le texte et l'image (documents A et B)

▶ **8.** Observez l'œuvre de Barthélemy Toguo : selon vous, que cherche à exprimer l'artiste ? *(2 points)*

▶ **9. a)** En quoi cette œuvre fait-elle écho au texte de Philippe Claudel ? *(2 points)*

b) L'impression laissée par l'œuvre de Barthélemy Toguo est-elle tout à fait la même que celle suscitée par la lecture de l'extrait du roman de Philippe Claudel ? *(2 points)*

2de partie • Rédaction et maîtrise de la langue (2 heures)

DICTÉE 5 POINTS

Le titre et la source de l'extrait, ainsi que le mot « aïeux » sont écrits au tableau au début de la dictée.

Philippe Claudel
La petite fille de Monsieur Linh, 2005
© Stock

Au village

Au village, il n'y avait qu'une rue. Une seule. Le sol était de terre battue. Quand la pluie tombait, violente et droite, la rue devenait un ruisseau furieux dans lequel les enfants nus se coursaient en riant. Lorsqu'il faisait sec, les cochons y dormaient en se vautrant dans la poussière, tandis que les chiens s'y poursuivaient en aboyant. Au village, tout le monde se connaissait, et chacun en se croisant se saluait. Il y avait en tout douze familles, et chacune de ces familles savait l'histoire des autres, pouvait nommer les grands-parents, les aïeux, les cousins, connaissait les biens que les autres possédaient. Le village en somme était comme une grande et unique famille [...].

RÉÉCRITURE 5 POINTS

« Quand on veut le faire entrer dans sa cabine, il se laisse guider sans rien dire, mais on le retrouve un peu plus tard, sur le pont arrière, une main tenant le bastingage [...]. »

Réécrivez le passage en mettant le pronom « le » au pluriel et en procédant à toutes les modifications nécessaires.

TRAVAIL D'ÉCRITURE 20 POINTS

Vous traiterez au choix le sujet A ou le sujet B.
Votre rédaction sera d'une longueur minimale d'une soixantaine de lignes (300 mots environ).

Sujet A

Écrivez une suite immédiate au texte de Philippe Claudel. Vous tiendrez compte des indications apportées par l'extrait et vous respecterez le temps choisi par l'auteur.

Sujet B

Vos parents vous annoncent que vous allez déménager dans une autre ville, loin de l'endroit où vous avez grandi. Vous décidez de leur expliquer ce que ce déménagement signifie pour vous. Vous énoncerez vos arguments de façon claire et organisée.

LES CLÉS DU SUJET

■ Les documents

Le texte littéraire (document A)

Il s'agit de l'incipit, les toutes premières lignes, du roman de Philippe Claudel qui relate l'exil d'un vieil homme ayant fui son pays en guerre et dont toute la famille a été massacrée. Seul lui reste le tout jeune enfant qu'il serre dans ses bras et au sujet duquel la fin du roman réserve une surprise poignante.

L'image (document B)

Cette installation artistique de grande taille (220 × 260 × 135 cm), constituée de matériaux divers (bois, bouteilles en plastique, tissus), est exposée au Musée national de l'histoire et des cultures de l'immigration, à Paris. L'artiste évoque ainsi les longues et périlleuses migrations de ceux qui doivent quitter leur pays pour un ailleurs qu'ils rêvent meilleur.

■ Travail d'écriture (Sujet A)

Recherche d'idées

- Relis bien le texte pour t'imprégner de l'atmosphère. Essaie d'imaginer l'arrivée de ces migrants. Où va-t-on les emmener ? À quoi va ressembler leur hébergement ?
- Interroge-toi sur les réactions potentielles de M. Linh : va-t-il rester passif et continuer à se laisser guider ?

Conseils de rédaction

- Comme il s'agit d'une suite de texte, il faut que tu respectes certains éléments du texte de Claudel : il s'agit d'un récit à la troisième personne, au présent (sauf pour les faits antérieurs ou postérieurs).
- Sois attentif à toutes les indications apportées par le texte.

■ Travail d'écriture (Sujet B)

Recherche d'idées

Si tu as vécu cette situation, appuie-toi sur ton expérience. Sinon, pose-toi la question : comment réagirais-tu ? Quels seraient tes sentiments (tristesse, nostalgie, révolte ou, au contraire, enthousiasme et excitation) ? Qu'est-ce qui pourrait te manquer ? Qu'est-ce qui pourrait au contraire t'attirer dans cette nouvelle vie ?

Conseils de rédaction

- Tu dois t'adresser à tes parents (ou à l'un des deux) et donc utiliser la deuxième personne.
- Il faut que ton texte soit argumenté. Pense à classer tes arguments par ordre d'importance.
- Emploie aussi un lexique des sentiments : verbes (ressentir, se sentir…), adjectifs (triste, déchiré, nostalgique, enthousiaste, curieux…), noms (tristesse, souffrance, enthousiasme, impatience…) ou encore expressions (avoir le cœur brisé…).

CORRIGÉ 10

1re partie • Analyse et interprétation de textes et de documents

QUESTIONS

▶ **1.** Comme son nom le suggère, Monsieur Linh est un réfugié asiatique qui fuit son pays en guerre, où tous les siens sont morts. Il émigre probablement vers la France.

▶ **2.** Monsieur Linh est profondément triste, car ce n'est pas seulement son pays qu'il quitte, c'est aussi toute sa vie. Seul l'enfant le rattache encore à l'existence.

▶ **3.** Monsieur Linh tente de rester en contact avec son pays perdu, par la vue, l'odorat et l'ouïe. Tout d'abord, il reste à l'arrière du bateau, les **yeux** rivés sur sa patrie qui s'efface peu à peu ; la photographie qu'il a emportée est elle aussi à moitié effacée. Ensuite, il a dans sa valise un peu de la terre et peut-être, avec elle, un peu des **odeurs** de son pays ; dans le pays qu'il découvre il ne sent aucune odeur. Enfin, il chante à l'enfant une chanson : il veut entendre la **musique de sa langue**.

▶ **4.** Monsieur Linh est comparé à « une **marionnette** » qui se laisse chahuter par le vent, guider vers sa cabine ou conduire vers le quai sans aucune réaction. À la fin de l'extrait, les réfugiés sont décrits au moyen d'une **métaphore** : « frêles statues aux visages tristes, et qui grelottent dans le plus grand silence. » C'est comme s'ils avaient perdu toute attache, toute volonté, tout désir, toute identité, qu'ils n'étaient plus qu'une même et immense tristesse.

▶ **5.** Le verbe « chahuter » est ici employé transitivement (COD : « le »). Il signifie « pousser de-ci de-là », « balloter », « bousculer », « malmener ». Le vent **bouscule** Monsieur Linh, le pousse d'un côté, puis de l'autre. Monsieur Linh n'oppose aucune résistance : il se laisse faire.

▶ **6.** Les temps employés sont essentiellement le **présent** et le **passé composé** de l'indicatif. Il y a aussi un verbe à l'imparfait.

Le présent est un **présent de narration**. Si Philippe Claudel a choisi ce temps, c'est sans doute pour rendre son récit plus simple, plus proche et peut-être aussi plus universel. « C'est un vieil homme debout à l'arrière d'un bateau... » : dès les premières lignes, on *voit* le personnage, il est devant nous, à la fois présent et absent.

Le **passé composé** est employé pour les actions liées à la vie passée du vieil homme : ainsi, le « sac de toile dans lequel le vieil homme a glissé une poignée de terre ».

▶ **7.** Ce texte produit une impression de profonde **tristesse**, de désespoir infini.

▶ **8.** Il s'agit d'une installation artistique de grande taille, exécutée à partir de matériaux courants : bois, tissus, bouteilles... Elle évoque l'**exil**, le long voyage vers un ailleurs rêvé, dans l'**espoir d'une vie meilleure**. Les migrants quittent le pays de leurs aïeux, à leurs risques et périls, prêts à affronter l'océan et ses vagues – représentées par les bouteilles – sur une embarcation de fortune surchargée. Les baluchons d'étoffes aux couleurs vives et chaleureuses, entassés en une pyramide instable et arrimés par des cordages lestés de bouilloires, évoquent les quelques maigres biens qui rattachent les migrants à la terre qu'ils ont quittée.

> **Conseil**
> N'hésite pas à décrire en détail l'œuvre proposée. Cela te permettra d'en dégager du sens et d'étayer ta réponse.

▶ **9. a)** Les ballots font écho à la petite valise de cuir bouilli entourée d'une sangle de Monsieur Linh contenant une photographie à moitié effacée et une poignée de terre, dans le texte de Claudel.

b) Cependant, l'impression laissée par l'installation de Barthélemy Toguo diffère de celle qui se dégage du texte : cette barque, chargée d'étoffes aux couleurs vives, laisse poindre une énergie vitale que n'a plus Monsieur Linh.

2de partie • Rédaction et maîtrise de la langue

DICTÉE

POINT MÉTHODE

1 Le temps employé dans cet extrait est l'imparfait : certains verbes sont au singulier (*-ait*), d'autres au pluriel (*-aient*). Tu dois être attentif et bien identifier le sujet de ces verbes, en posant, par exemple, la question « qu'est-ce qui » ou « qui est-ce qui » devant le verbe.

2 Attention à l'accord avec les sujets « tout le monde », « chacun », « chacune de… » ou encore « il » dans l'expression « il y avait » : il se fait au singulier.

Au village, il n'y avait qu'une rue. Une seule. Le sol était de terre battue. Quand la pluie tombait, violente et droite, la rue devenait un ruisseau furieux dans lequel les enfants nus se coursaient en riant. Lorsqu'il faisait sec, les cochons y dormaient en se vautrant dans la poussière, tandis que les chiens s'y poursuivaient en aboyant. Au village, tout le monde se connaissait, et chacun en se croisant se saluait. Il y avait en tout douze familles, et chacune de ces familles savait l'histoire des autres, pouvait nommer les grands-parents, les aïeux, les cousins, connaissait les biens que les autres possédaient. Le village en somme était comme une grande et unique famille […].

RÉÉCRITURE

Les modifications sont mises en couleur.

« Quand on veut les faire entrer dans leur(s) cabine(s), ils se laissent guider sans rien dire, mais on les retrouve un peu plus tard, sur le pont arrière, une main tenant le bastingage. »

Attention !
Il y a deux possibilités pour accorder « leur cabine » : laisser le GN au singulier (ils n'ont chacun qu'une cabine) ou le mettre au pluriel (il y a plusieurs cabines). Mais il ne faut surtout pas mettre l'un des éléments au singulier et l'autre au pluriel.

TRAVAIL D'ÉCRITURE

Voici un exemple de rédaction sur chacun des deux sujets.
Attention les titres en couleur ne doivent pas figurer sur ta copie.

Sujet A

[Transfert en car] Les réfugiés sont dirigés vers un car qui les attend dans une petite rue voisine. Ils ont froid et se recroquevillent dans leurs trop légers vêtements, frissonnant dans l'humidité qui les enveloppe. Un brouillard monte de la mer et les transforme en **ombres fantomatiques**, en **spectres égarés** dans un monde qui n'est pas le leur.

Ils montent dans le car, se glissent sur les sièges qu'on leur désigne. Monsieur Linh refuse de déposer sa petite valise dans l'espace destiné aux bagages ; il s'y agrippe comme à une bouée dérisoire. Il fredonne et berce l'enfant. Il aimerait regagner le bateau ou au moins le port pour retrouver le fil ténu qui le relie encore au pays de ses ancêtres. Il a peur de se perdre à jamais.

[Premier repas] Le car s'arrête devant un haut bâtiment d'un gris terne. Monsieur Linh entend son nom, se dirige vers la femme qui l'appelle. Elle coche une case sur une feuille de papier puis le confie à une autre femme qui l'emmène doucement vers une porte donnant sur une grande salle meublée de quelques longues tables. Il se laisse faire **comme un pantin docile.** Elle tend les bras vers l'enfant, s'offre à le porter. Il resserre son étreinte. Il rejoint les autres migrants. On leur sert une assiette dans laquelle il y a des aliments qu'il ne connaît pas, des aliments sans saveurs et sans odeurs. Il n'a pas faim. Il essaie de se remémorer le goût du riz parfumé et des épices qu'il partageait avec les siens. Il a peur d'oublier.

Conseil
Tu peux reprendre sous d'autres formes les images employées par Claudel lorsqu'il compare les réfugiés à des marionnettes ou des statues (métaphore filée). Tu peux aussi trouver d'autres images pour donner du relief à ton texte (voir passages en gras).

[Première nuit] On les conduit ensuite dans de petites chambres. Il pose délicatement son maigre bagage au pied du lit et s'allonge, tout habillé, serrant contre lui l'enfant, les yeux ouverts fixés au plafond, chantonnant sa petite chanson et il reste ainsi pendant des heures, berçant une tristesse infinie.

Sujet B

[Présentation des faits et premières réactions] Quand vous m'avez appris que nous allions déménager à l'autre bout de la France, je me suis senti très triste. J'ai eu soudain le sentiment d'un grand vide, d'être comme déraciné, condamné à laisser derrière moi tout ce que j'aime.

[Arguments contre le déménagement] Tout d'abord, il va falloir quitter l'appartement dont je connais chaque recoin comme ma poche et le quartier qui m'a vu grandir : le square où je jouais près de mon ancienne école, la bibliothèque où j'ai découvert le plaisir de lire, la boulangerie où j'allais acheter des bonbons.

Attention !
Classe tes arguments en gardant celui qui t'importe le plus pour la fin.

Ensuite, il y a mon club de foot : vous ne pouvez pas me demander d'abandonner mon équipe, mon entraîneur !

Enfin et surtout, je vais devoir laisser mes amis d'enfance – Paul, Ahmed, Marie –, ceux pour qui je n'ai pas de secrets. Je leur ai promis de former un groupe de rock avec eux. C'est moi qui devais être le guitariste. Marie devait être la chanteuse. Je ne peux pas les laisser tomber.

[Arguments pour le déménagement (ici, ceux des parents)] Bien sûr, je connais vos arguments : ce n'est pas la fin du monde ; j'aurai une grande chambre pour moi tout seul ; nous aurons un jardin et le chien dont j'ai toujours rêvé mais dont vous me disiez qu'il n'était pas possible d'en avoir un à Paris… Et je sais aussi que je pourrai inviter mes meilleurs amis pour les vacances.

[Conclusion] Cependant, cela ne me console pas. Rien ne sera plus jamais pareil. Je trouve que c'est difficile d'être un adolescent parce qu'on doit obéir à ses parents, les suivre sans discuter. Je sais bien que papa n'a pas le choix, que c'est pour son travail, néanmoins cela me désespère.

SUJET

11

Sujet inédit • Visions poétiques du monde
50 points

Invitation au voyage

Ce sujet regroupe tous les exercices de français de la 2de épreuve écrite.

1re partie • Analyse et interprétation de textes et de documents (1 heure)

DOCUMENT A Texte littéraire

Mon enfant, ma sœur,
Songe à la douceur
D'aller là-bas vivre ensemble !
Aimer à loisir,
Aimer et mourir
Au pays qui te ressemble !
Les soleils mouillés
De ces ciels brouillés
Pour mon esprit ont les charmes
Si mystérieux
De tes traîtres yeux,
Brillant à travers leurs larmes.

Là, tout n'est qu'ordre et beauté,
Luxe, calme et volupté.

Des meubles luisants,
Polis par les ans,
Décoreraient notre chambre ;
Les plus rares fleurs
Mêlant leurs odeurs
Aux vagues senteurs de l'ambre,
Les riches plafonds,
Les miroirs profonds,

La splendeur orientale,
Tout y parlerait
À l'âme en secret
Sa douce langue natale.

Là, tout n'est qu'ordre et beauté,
Luxe, calme et volupté.

Vois sur ces canaux
Dormir ces vaisseaux
Dont l'humeur est vagabonde ;
C'est pour assouvir
Ton moindre désir
Qu'ils viennent du bout du monde.
– Les soleils couchants
Revêtent les champs,
Les canaux, la ville entière,
D'hyacinthe et d'or ;
Le monde s'endort
Dans une chaude lumière.

Là, tout n'est qu'ordre et beauté,
Luxe, calme et volupté.

Charles Baudelaire, « L'Invitation au voyage », *Les Fleurs du Mal,* 1857.

---

1. Hyacinthe : pierre fine de couleur orange à rouge.

DOCUMENT B **Claude Gellée dit Le Lorrain,** ***Port de mer au soleil couchant*** **(1639)**

ph © Aisa/Leemage

QUESTIONS 20 POINTS

Les réponses doivent être entièrement rédigées.

Sur le texte littéraire (document A)

▶ **1. a)** Expliquez le titre du poème. *(1 point)*
b) Selon vous, à quel ailleurs le poète rêve-t-il ? *(2 points)*

▶ **2.** Relevez les mots appartenant au champ lexical du luxe, du raffinement. *(2 points)*

▶ **3. a)** À qui le poète s'adresse-t-il ? Justifiez votre réponse en citant des éléments du texte. *(2 points)*
b) De quelle façon le fait-il ? *(2 points)*

▶ **4.** Que compare le poète aux vers 7 à 12 ? Expliquez la comparaison. *(2 points)*

▶ **5. a)** Quel est le mode employé dans les vers 15 à 26 ? *(1 point)*
b) Pourquoi ce mode ? *(1 point)*

▶ **6. a)** Quelle est la figure de style employée par Baudelaire pour évoquer les vaisseaux (vers 29 à 34) ? *(1 point)*

❑ Une métaphore. ❑ Une personnification.

b) Justifiez votre réponse en citant des éléments du poème. *(1 point)*

c) Quel est, à votre avis, l'effet recherché par le poète ? *(1 point)*

Sur le texte et l'image (documents A et B)

▶ **7.** Quelles impressions ou sentiments le tableau du Lorrain éveille-t-il en vous ? *(2 points)*

▶ **8.** Quelles ressemblances ou dissemblances pouvez-vous discerner entre le poème et le tableau ? *(2 points)*

2de partie • Rédaction et maîtrise de la langue (2 heures)

DICTÉE 5 POINTS

Le titre, la source de l'extrait sont écrits au tableau au début de la dictée.

J.-M.-G. Le Clézio
Celui qui n'avait jamais vu la mer, 1982
© Éditions Gallimard

Premier contact avec la mer

Il s'assit sur le sable mouillé, et il regarda la mer monter devant lui presque jusqu'au centre du ciel. Il avait tellement pensé à cet instant-là, il avait tellement imaginé le jour où il la verrait enfin, réellement, pas comme sur les photos ou comme au cinéma, mais vraiment, la mer tout entière, exposée autour de lui, gonflée, avec les gros dos des vagues qui se précipitent et déferlent, les nuages d'écume, les pluies d'embrun en poussière dans la lumière du soleil, et surtout, au loin, cet horizon courbe comme un mur devant le ciel ! Il avait tellement désiré cet instant-là qu'il n'avait plus de forces, comme s'il allait mourir, ou bien s'endormir.

RÉÉCRITURE 5 POINTS

« Mon enfant, ma sœur,
Songe à la douceur
D'aller là-bas vivre ensemble !
Aimer à loisir,
Aimer et mourir
Au pays qui te ressemble ! »

VISIONS POÉTIQUES

Réécrivez ces vers en mettant « enfant » et « sœur » au pluriel et procédez aux modifications nécessaires (vers 29 à 34).

TRAVAIL D'ÉCRITURE 20 POINTS

Vous traiterez au choix le sujet A ou le sujet B.
Votre rédaction sera d'une longueur minimale d'une soixantaine de lignes (300 mots environ).

Sujet A

Décrivez à un ami le lieu idéal où vous aimez, ou aimeriez, vous évader. Il peut s'agir d'un lieu réel ou imaginaire.

Sujet B

Selon vous, les voyages sont-ils source d'enrichissement ? Vous répondrez à cette question dans un développement argumenté en vous appuyant sur votre expérience, vos lectures et votre culture personnelle.

LES CLÉS DU SUJET

■ Les documents

Le texte littéraire (document A)

L'Invitation au voyage est un poème de Baudelaire extrait de *Spleen et Idéal*, première partie des *Fleurs du Mal*. Il est inspiré par Marie Daubrun, actrice qui sera brièvement l'une des inspiratrices et muses de Baudelaire. Le pays dont parle le poète pourrait être la Hollande qu'il ne connaît que par les tableaux de Vermeer, mais dont il rêve comme d'un lieu idéal.

L'image (document B)

Ce tableau nous montre un port de mer au crépuscule. Le Lorrain est connu pour sa peinture de paysages dont il s'applique à mettre en évidence la lumière particulière en fonction du moment de la journée.

■ Travail d'écriture (Sujet A)

Recherche d'idées

Choisis un lieu, en te le remémorant ou en l'imaginant. Prends le temps de créer ou recréer en pensée tous les éléments qui le composent : décor, luminosité, odeurs…

Conseils de rédaction

• Il s'agit de décrire et non de faire un récit. Pense à employer de nombreux adjectifs qualificatifs, des compléments du nom, des subordonnées relatives pour qualifier chaque élément du décor, pour préciser leur forme, leur matière, leur texture, leur odeur, leur couleur…

• Tu situeras ces différents éléments dans l'espace en employant des connecteurs spatiaux : *au premier plan, à l'arrière-plan, à gauche, à droite, au loin, à l'horizon…*

■ Travail d'écriture (Sujet B)

Recherche d'idées

• Aimes-tu, ou aimerais-tu voyager ? Qu'est-ce qui t'attire dans les voyages : découvrir des paysages, des civilisations, faire des rencontres, vivre des aventures… Préfères-tu les villes ou les paysages naturels ? Aimes-tu visiter des musées ou escalader des montagnes ?
• Tu peux aussi réfléchir aux lectures ou aux films qui t'ont donné le désir de voyager : les livres de Jack London sur le Grand Nord canadien, les romans de Jules Verne, les *road movies*…

Conseils de rédaction

• Développe au moins trois arguments : le voyage comme source d'évasion, quête d'aventures, enrichissement culturel, découverte d'autres modes de vie…
• Appuie-toi sur des exemples précis pour illustrer tes arguments.

CORRIGÉ 11

1re partie • Analyse et interprétation de textes et de documents

QUESTIONS

▶ **1. a)** Le poème est une invitation à voyager par l'imagination et la poésie loin du monde quotidien, dans un ailleurs rêvé où il serait possible d'aimer librement.

b) Le poète rêve à un lieu idéal où « tout n'est qu'ordre et beauté,/Luxe, calme et volupté ». Il s'agit d'un ailleurs imaginé, que l'on peut situer en Hollande, pays des canaux et des ciels brouillés qui fascinait Baudelaire, mais une Hollande fantasmée qui s'apparente aussi bien à l'Orient qu'à l'Occident.

▶ **2.** Baudelaire choisit un lexique qui évoque le luxe, le raffinement : « douceur », « charmes », « ordre », « beauté », « luxe », « calme », « volupté », « luisants », « les plus rares (fleurs) », « ambre », « splendeur »…

▶ **3. a)** Baudelaire adresse son poème à la **femme aimée** : « Mon enfant, ma sœur ». Elle est pour lui tout à la fois fille, sœur, amante, muse. Il s'agit d'un amour idéalisé, plus spirituel que charnel.

b) Le poète la **tutoie**. Il crée ainsi une **intimité** faite de douceur et de complicité : « Songe à la douceur/D'aller là-bas vivre ensemble ! »

▶ **4.** Le poète compare les soleils voilés par des nuages chargés d'humidité aux yeux de son amante « brillant à travers leurs larmes ». Ils ont, pour lui, la même ambiguïté, le même mystère.

▶ **5. a)** Baudelaire emploie le **conditionnel présent** : « décoreraient », « parlerait ».

b) Le poète imagine ce que pourrait être ce lieu idéal, fantasmé : il laisse libre cours au rêve.

▶ **6. a)** Il s'agit d'une **personnification**.

b) Le poète attribue aux vaisseaux des attitudes humaines : ils dorment, ils ont « l'humeur vagabonde » comme s'ils éprouvaient des sentiments.

c) Le poète crée ainsi une impression de **magie**. Les vaisseaux évoquent ces génies des contes orientaux dévoués à leurs maîtres : « C'est pour assouvir/Ton moindre désir/Qu'ils viennent du bout du monde. »

Zoom
La personnification est en quelque sorte une forme particulière de métaphore : elle consiste à animer un objet, une chose ou à leur donner des caractéristiques humaines.

▶ **7.** Le tableau éveille une impression de **mystère face à l'océan** : au-delà, c'est l'Orient ou l'Amérique, le « nouveau monde ». Le bateau, grand voilier qui sans doute s'éloigne, évoque une existence aventureuse, la découverte d'un univers riche et exotique. Les couleurs du couchant donnent au tableau une aura de mystère. Nous sommes **attirés vers l'horizon**, vers cet ailleurs rêvé, comme les personnages qui saluent le vaisseau en partance.

▶ **8.** Ce tableau présente bien des ressemblances avec le poème de Baudelaire. Si le poète parle de canaux et qu'il s'agit ici d'un port de mer, c'est l'une des seules différences : le tableau propose lui aussi une invitation au voyage, un voyage exotique vers un ailleurs rêvé, où s'échangeront trésors d'orient et expériences nouvelles.

Le poète et son amante peuvent être assimilés aux personnages, au premier plan, sur la grève, qui regardent les navires s'éloigner vers le couchant ou rentrer au port après leur long périple.

Les bateaux qui se détachent, à droite, noirs, sur le fond orangé, semblent eux aussi « dormir », tels des vaisseaux « dont l'humeur est vagabonde ».

Là aussi, le soleil couchant revêt le paysage « d'hyacinthe et d'or ».

2de partie • Rédaction et maîtrise de la langue

DICTÉE

POINT MÉTHODE

1 Attention à l'accord des verbes *se précipitent* et *déferlent* : il faut les accorder avec le pronom relatif *qui* mis pour *les vagues* (pluriel).

2 Ne confonds pas les homophones grammaticaux *ou* et *où* : *ou* peut être remplacé par *ou bien*.

3 Attention à *tout* devant *entière* : *tout* ne s'accorde pas, car il est placé devant un adjectif commençant par une voyelle.

Il s'assit sur le sable mouillé, et il regarda la mer monter devant lui presque jusqu'au centre du ciel. Il avait tellement pensé à cet instant-là, il avait tellement imaginé le jour où il la verrait enfin, réellement, pas comme sur les photos ou comme au cinéma, mais vraiment, la mer tout entière, exposée autour de lui, gonflée, avec les gros dos des vagues qui se précipitent et déferlent, les nuages d'écume, les pluies d'embrun en poussière dans la lumière du soleil, et surtout, au loin, cet horizon courbe comme un mur devant le ciel ! Il avait tellement désiré cet instant-là qu'il n'avait plus de forces, comme s'il allait mourir, ou bien s'endormir.

RÉÉCRITURE

Les modifications sont mises en couleur.

« Mes enfants, mes sœurs,
Songez à la douceur
D'aller là-bas vivre ensemble !
Aimer à loisir,
Aimer et mourir
Au pays qui vous ressemble ! »

Attention !
Il ne faut pas mettre le verbe *ressemble* au pluriel : il ne s'accorde pas avec *vous*, mais avec *pays* !

TRAVAIL D'ÉCRITURE

Voici un exemple de rédaction sur chacun des deux sujets.
Attention les titres en couleur ne doivent pas figurer sur ta copie.

Sujet A

[Présentation générale du lieu] Imagine une petite crique aux eaux turquoises encadrée de rochers qui la protègent. Les vagues s'y font douces et tièdes. Le sable est soyeux et chaud sous les pieds, fin et nacré. Pour y accéder, il faut emprunter un petit chemin en pente douce qui serpente parmi les bambous, bordé de lauriers roses et de mimosas d'un jaune éclatant. On y respire les parfums entêtants du thym, du romarin, du myrte.

[Arrière-plan] Au loin, la ligne d'horizon se détache, claire et nette, traversée parfois de petites voiles blanches.

[Premier plan] Imagine comme il est doux d'avancer dans ces eaux cristallines, de se plonger dans les vagues et de nager en explorant les fonds marins aux poissons colorés et aux coquillages délicats.

[Paysage au coucher du soleil] Au coucher de soleil, la lumière se fait magique et colore le sable, l'eau, les rochers, de rose, d'orangé, de rouge. C'est le moment que je préfère. J'aime observer le soleil disparaître à l'horizon, se noyer peu à peu jusqu'à n'être plus qu'une ultime petite tache rouge avalée par l'obscurité.

Conseil
Pour développer ton récit, tu peux évoquer le paysage à différents moments de la journée.

[Conclusion] Je ne sais pas si cet endroit existe encore tel que je l'ai connu ou s'il ne subsiste plus que dans un recoin de ma mémoire, rêvé, recréé, mais cela importe peu puisqu'il me suffit d'y songer pour en retrouver toute la magie.

Sujet B

[Introduction] J'ai toujours entendu dire que les voyages forment la jeunesse. C'est un dicton populaire, mais je pense qu'il dit vrai. Pour moi, les voyages sont une grande source d'enrichissement.

[Les voyages permettent de découvrir de nouveaux horizons] Tout d'abord, ils peuvent être une source d'évasion. Mes premiers grands voyages ont été romanesques ou cinématographiques : j'ai navigué en compagnie de pirates avec Jim Hawkins dans *L'Île au trésor*, et je suis partie à la conquête de l'Ouest dans les westerns. Ces lectures, ces films m'ont donné l'envie de découvrir le monde par moi-même et d'explorer volcans, déserts, forêts vierges… Quoi

Conseil
Classe tes arguments dans un ordre que tu auras choisi et articule-les au moyen de connecteurs.

de plus fascinant que le Stromboli, le Sahara, l'Amazonie, ou que le vaste Pacifique ?

[Les voyages apportent un enrichissement culturel] Voyager, c'est également s'enrichir, se cultiver, c'est découvrir des villes, des civilisations parfois très anciennes, merveilleusement préservées. C'est explorer des musées, comme celui du Prado à Madrid, ou encore celui des Offices à Florence. Voyager, c'est aussi rencontrer des hommes aux modes de vie différents du nôtre, aux coutumes qui peuvent nous sembler étranges : quoi de mieux pour nous aider à lutter contre nos préjugés ?

[Les voyages peuvent déclencher une prise de conscience écologiste] Voyager, c'est enfin prendre conscience combien certains milieux uniques sont en danger, combien il est temps de réagir si l'on ne veut pas voir disparaître la banquise par exemple ou la forêt amazonienne.

[Conclusion] Voyager, c'est donc une façon de s'enrichir, de s'initier au vaste monde et de voler de ses propres ailes loin du cocon familier dans lequel on a grandi.

SUJET 12

Sujet inédit • Visions poétiques du monde
50 points

Objets quotidiens

Ce sujet regroupe tous les exercices de français de la 2de épreuve écrite.

1re partie • Analyse et interprétation de textes et de documents (1 heure)

DOCUMENT A Texte littéraire

Ponge fait ici la description d'un objet familier de notre quotidien, le pain.

Le pain

La surface du pain est merveilleuse d'abord à cause de cette impression quasi panoramique qu'elle donne : comme si l'on avait à sa disposition sous la main les Alpes, le Taurus ou la Cordillère des Andes.

Ainsi donc une masse amorphe[1] en train d'éructer[2] fut glissée pour nous dans le four stellaire[3], où durcissant elle s'est façonnée en vallées, crêtes, ondulations, crevasses… Et tous ces plans dès lors si nettement articulés, ces dalles minces où la lumière avec application couche ses feux, – sans un regard pour la mollesse ignoble sous-jacente.

Ce lâche et froid sous-sol que l'on nomme la mie a son tissu pareil à celui des éponges : feuilles ou fleurs y sont comme des sœurs siamoises soudées par tous les coudes à la fois. Lorsque le pain rassit ces fleurs fanent et se rétrécissent : elles se détachent alors les unes des autres, et la masse en devient friable…

Mais brisons-la : car le pain doit être dans notre bouche moins objet de respect que de consommation.

Francis Ponge, *Le Parti pris des choses*, 1942, © Éditions Gallimard.

1. Amorphe : qui n'a pas une forme, une structure bien définie.
2 Éructer : rejeter des gaz par la bouche, roter.
3 Stellaire : relatif aux étoiles, astral.

DOCUMENT B **Pablo Picasso, *Tête de taureau* (1942)**

Cette œuvre de Pablo Picasso est constituée de l'assemblage d'une selle et d'un guidon de vélo.

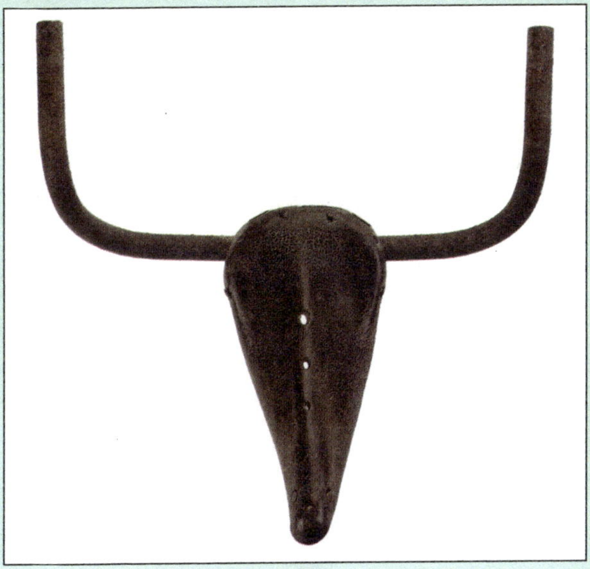

QUESTIONS 20 POINTS

Les réponses doivent être entièrement rédigées.

Sur le texte littéraire (document A)

▶ **1.** Quelle forme de discours trouve-t-on essentiellement dans ce texte ? *(1 point)*

❑ La forme narrative.
❑ La forme descriptive.
❑ La forme argumentative.

▶ **2.** Quel est la valeur du présent employé dans ce poème ? *(1 point)*

▶ **3. a)** Quelles sont les différentes parties du pain présentées successivement dans ce poème ? *(1 point)*

b) Sont-elles, selon vous, décrites de la même façon ? Justifiez votre réponse. *(1 point)*

c) Quelles différences peut-on trouver entre elles ? *(1 point)*

▶ **4. a)** Quel est le champ lexical employé par Ponge au début du texte (lignes 1 à 7) ? *(1 point)*
b) Relevez tous les mots appartenant à ce champ lexical. *(2 points)*
c) Pourquoi, selon vous, l'auteur a-t-il choisi ce champ lexical ? *(1 point)*

▶ **5.** « feuilles ou fleurs y sont comme des sœurs siamoises soudées par tous les coudes à la fois. » (lignes 10-11)
a) Observez les jeux de sonorités dans cette phrase. Que remarquez-vous ? Quels sont les sons qui se répètent ? *(2 points)*
b) Quel est, selon vous, l'effet recherché ? *(1 point)*

▶ **6.** Relevez deux comparaisons et deux métaphores (lignes 9 à 11) *(2 points)*

▶ **7.** En vous appuyant sur vos réponses aux questions précédentes, dites pourquoi on peut dire que ce texte est un poème en prose. *(3 points)*

Sur le texte et l'image (documents A et B)
▶ **8.** Quelles réflexions l'œuvre de Picasso vous inspire-t-elle ? *(1,5 point)*

▶ **9.** Quelles ressemblances ou dissemblances pouvez-vous repérer entre les procédés employés d'une part par Ponge, d'autre part par Picasso ? *(1,5 point)*

2de partie • Rédaction et maîtrise de la langue (2 heures)

DICTÉE — 5 POINTS

Le titre, la source de l'extrait ainsi que « évanescent » et « suspens » sont écrits au tableau au début de la dictée.

Philippe Delerm
La Première Gorgée de bière et autres plaisirs minuscules, 1997
© Éditions Gallimard

Les boules en verre

C'est l'hiver pour toujours, dans l'eau des boules de verre. On en prend une dans ses mains. La neige flotte au ralenti, dans un tourbillon né du sol, d'abord opaque, évanescent ; puis les flocons s'espacent, et le ciel bleu turquoise reprend sa fixité mélancolique. Les derniers oiseaux de papier restent en suspens quelques secondes avant de retomber. […] On prend le monde dans ses mains, la boule est vite presque chaude.

Une avalanche de flocons efface d'un seul coup cette angoisse latente des courants. Il neige au fond de soi, dans un hiver inaccessible où le léger l'emporte sur le lourd. La neige est douce au fond de l'eau.

RÉÉCRITURE 5 POINTS

« Ainsi donc une masse amorphe en train d'éructer fut glissée pour nous dans le four stellaire, où durcissant elle s'est façonnée en vallées, crêtes, ondulations, crevasses… »

Réécrivez ces lignes en mettant « une masse amorphe en train d'éructer » au pluriel et en procédant à toutes les modifications nécessaires.

TRAVAIL D'ÉCRITURE 20 POINTS

Vous traiterez au choix le sujet A ou le sujet B.

Votre rédaction sera d'une longueur minimale d'une soixantaine de lignes (300 mots environ).

Sujet A

À la manière de Francis Ponge, décrivez un objet que vous aimez. Vous n'oublierez aucun aspect : formes, matières, usages… Vous emploierez des comparaisons et des métaphores.

Sujet B

Une œuvre vous a particulièrement marqué(e) : un film, un livre, une photographie, une peinture, une sculpture… En quoi cette œuvre vous a-t-elle aidé(e) à porter un regard nouveau sur le monde ou les objets qui vous entourent ? Vous organiserez votre texte de façon argumentée.

FRANÇAIS

LES CLÉS DU SUJET

■ Les documents

Le texte littéraire (document A)

Ce texte est extrait du recueil de poèmes intitulé *Le Parti pris des choses*, paru en 1942, dans lequel Ponge s'applique à décrire avec précision et minutie des objets quotidiens, des animaux… Il s'agit de poèmes en prose.

L'image (document B)

Le taureau est un thème cher à Picasso. L'idée de cette œuvre lui est venue alors qu'il rangeait son atelier, en découvrant une selle et un guidon de bicyclette. Aussitôt, il décida de les réunir pour créer un assemblage : cette tête de taureau. On peut parler de surréalisme, mais aussi de primitivisme : par sa simplicité, cette œuvre évoque les peintures rupestres de la préhistoire.

■ Travail d'écriture (Sujet A)

Recherche d'idées

• Choisis un objet que tu aimes : tu auras d'autant plus de plaisir à le décrire. Évite cependant ceux qui sont trop compliqués, trop complexes.

• Imagine ton objet, visualise-le bien puis décris sa forme, sa structure, la ou les matières dont il est constitué, sa ou ses couleurs, sa fonction, etc.

Conseils de rédaction

Pour décrire avec précision, tu vas employer de nombreux adjectifs. Cherche ceux qui correspondent le mieux à ton objet. Par exemple, un objet peut être lisse, doux, soyeux, velouté, délicat au toucher ou au contraire rugueux, râpeux, granuleux, grumeleux, plein d'aspérités… Ce ne sont pas les adjectifs qui manquent !

■ Travail d'écriture (Sujet B)

Recherche d'idées

• Commence par choisir une œuvre qui t'a marqué, inspiré et a changé le regard que tu portes sur le monde qui t'entoure (film, livre, photographie, peinture, sculpture…).

• Certaines œuvres peuvent aussi t'avoir ouvert les yeux sur des réalités historiques ou sociales qui t'ont choqué et que tu ne veux plus voir se reproduire, comme le tableau de Picasso, *Guernica*, qui symbolise toute l'horreur de la guerre.

Conseils de rédaction

• Tu dois d'abord présenter l'œuvre, en préciser l'auteur et la décrire succinctement (évite les œuvres que tu connais mal).

• Explique ensuite l'effet qu'elle a produit sur toi : étonnement, plaisir, choc émotionnel…

• Enfin, explique en quoi elle a changé ta façon de voir les objets qui t'entourent, le monde ou les hommes.

CORRIGÉ 12

1re partie • Analyse et interprétation de textes et de documents

QUESTIONS

▶ **1.** Il s'agit du discours **descriptif**.

▶ **2.** C'est un présent de **vérité générale**.

▶ **3. a)** Ponge commence par décrire la croûte, puis la mie, l'extérieur puis l'intérieur.

b) Il emploie un **lexique mélioratif** pour décrire la croûte (« La surface du pain est merveilleuse », « ces dalles minces où la lumière avec application couche ses feux ») et un **lexique péjoratif** pour décrire la mie (« mollesse ignoble », « lâche et froid sous-sol »).

c) La croûte est dure et purifiée par le feu alors que la mie du pain est molle, humide et froide.

▶ **4. a)** Ponge emploie un vocabulaire emprunté au **champ lexical de la géographie**, de la **géologie**.

b) Voici les mots appartenant à ces champs lexicaux : panoramique, les Alpes, le Taurus, la Cordillère des Andes, vallées, crêtes, ondulations, crevasses, dalles, sous-sol.

c) Ponge utilise ce champ lexical dans le but de **comparer le pain à la terre** : comme elle, il présente un relief particulier fait de creux et de crêtes.

▶ **5. a)** Ponge joue sur les sonorités avec des assonances en *eu*, *œu*, *ou*, et des allitérations en *f* et *s* : « **feu**illes ou **fleu**rs y sont comme des **sœu**rs **sia**moises **sou**dées par t**ou**s les c**ou**des à la **f**ois. »

b) Ce jeu sur les **sonorités** permet à Ponge d'insister sur l'unité, l'homogénéité, la solidarité de chacune des petites alvéoles qui constituent la mie.

> **Zoom**
> Une assonance est la reprise d'un même son voyelle ; une allitération est la reprise d'un même son consonne.

▶ **6.** Le poète emploie deux **comparaisons** : « son tissu pareil à celui des éponges » et « comme des sœurs siamoises soudées par tous les coudes à la fois ». S'y mêlent des **métaphores** : la mie rappelle un sous-sol, et les alvéoles, des fleurs et des feuilles.

▶ **7.** Ce texte est un poème en prose. Tout d'abord, il s'agit d'un texte court. Ensuite Ponge s'appuie sur de nombreuses images – comparaisons et métaphores – pour décrire le pain. Pour finir, il y a dans ce texte la musicalité particulière des poèmes : des effets de rythme, des jeux de sonorités avec de nombreuses allitérations et assonances. Il n'y a pas de rimes mais des procédés de reprises sonores qui créent comme des échos à l'intérieur du texte.

> **Zoom**
> On appelle prose tout texte qui n'est pas en vers. Il existe une poésie en prose.

▶ **8.** Picasso a employé des objets du quotidien qu'il a détournés de leur usage propre : une selle et un guidon de bicyclette. Ce faisant, il donne naissance à une œuvre d'art : une sculpture ou plutôt un assemblage représentant une tête de taureau. L'imagination de l'artiste a su transposer la réalité en une autre réalité poétique, artistique. Cette tête de taureau s'impose à nous avec autant sinon plus de puissance que si l'artiste avait créé une œuvre figurative.

▶ **9.** Ponge et Picasso s'emploient tous deux à représenter une réalité quotidienne : le premier, le pain, le second, une tête de taureau. Bien sûr, l'un part des mots, l'autre d'objets ordinaires. Mais cependant, des similitudes apparaissent entre les deux démarches : Ponge emploie des images, des comparaisons et des métaphores ; Picasso détourne les objets de leur usage habituel : la selle et le guidon de bicyclette deviennent en quelque sorte des métaphores entre ses mains pour évoquer le mufle, les cornes du taureau. On peut donc dire que les deux démarches se ressemblent sur ce point, qu'elles sont toutes deux métaphoriques.

2de partie • Rédaction et maîtrise de la langue

DICTÉE

POINT MÉTHODE

❶ Attention à l'accord des compléments du nom : *verre* et *papier* sont au singulier (en verre, en papier) alors que *flocons* est au pluriel (il y a de nombreux flocons dans une avalanche).

❷ Attention à l'orthographe des noms féminins terminés par le son *-té* ou *-tié* : ils s'écrivent *-té* ou *-tié* (sans *e*) sauf ceux qui expriment un contenu (une assiettée, une charretée) et les mots usuels suivants : *dictée, portée, pâtée, jetée, montée*.

C'est l'hiver pour toujours, dans l'eau des boules de verre. On en prend une dans ses mains. La neige flotte au ralenti, dans un tourbillon né du sol, d'abord opaque, évanescent ; puis les flocons s'espacent, et le ciel bleu turquoise reprend sa fixité mélancolique. Les derniers oiseaux de papier restent en suspens quelques secondes avant de retomber. […] On prend le monde dans ses mains, la boule est vite presque chaude. Une avalanche de flocons efface d'un seul coup cette angoisse latente des courants. Il neige au fond de soi, dans un hiver inaccessible où le léger l'emporte sur le lourd. La neige est douce au fond de l'eau.

RÉÉCRITURE

Les modifications sont mises en couleur.

« Ainsi donc des masses amorphes en train d'éructer furent glissées pour nous dans le four stellaire, où durcissant elles se sont façonnées en vallées, crêtes, ondulations, crevasses… »

> **Attention !**
> Ne mets pas *durcissant* au pluriel : c'est un participe présent et non un adjectif verbal. Il est donc invariable.

TRAVAIL D'ÉCRITURE

Voici un exemple de rédaction sur chacun des deux sujets.
Attention les titres en couleur ne doivent pas figurer sur ta copie.

Sujet A

L'oreiller

> **Conseil**
> Tu peux donner un titre qui nommera l'objet décrit.

[Matière] Deux carrés de coton blanc cousus ensemble sur leurs quatre côtés pour former une enveloppe. Le tissu est doux au toucher. L'ensemble est d'une grande sobriété, d'une parfaite simplicité. À l'intérieur, on sent comme un fin duvet, une matière légère et aérienne comme de la ouate qui se déplace librement sous la pression des doigts. Appuyez-y votre tête, vous aurez l'impression de vous enfoncer dans un moelleux nuage, un nid douillet.

[Couleurs, motifs et odeurs] Il est souvent habillé, enfoui dans des taies de couleurs vives à carreaux, à pois, à rayures, à fleurs, parfois parfumé avec de l'essence de lavande ou autre senteur apaisante. S'y blottir, c'est comme se lover dans un jardin secret.

[Formes et métamorphoses] Il se déforme au gré des événements et épouse la forme de ce qui s'y appuie. Au coucher, il est aérien telle une voile blanche gonflée par le vent ; au réveil, il garde l'empreinte du dormeur, la forme de son crâne ; il a été

> **Conseil**
> N'oublie pas d'employer des comparaisons et des métaphores. Cherche à varier les outils de comparaison : *comme, tel que, semblable à*… La métaphore, elle, n'est pas introduite par un outil de comparaison.

serré, travaillé, sculpté semblable à l'argile sous les doigts de l'artiste ; il n'est plus que creux, replis, failles et crêtes, recoins secrets… Il suffit alors de le secouer, de le tapoter pour qu'il retrouve sa forme originelle. Parfois, il s'en échappe une plume, un flocon solitaire qui voltige comme en suspens dans la chambre avant de se poser délicatement sur le sol. Parfois aussi, lors de quelque bataille de polochons, l'oreiller explose sous les coups répétés : c'est alors une véritable tempête de neige qui obscurcit le ciel de la pièce sous les rires des enfants.

Sujet B

[Présentation de l'œuvre artistique qui a servi de déclencheur] Une série de tableaux m'a amenée à regarder le monde avec des yeux neufs et à découvrir toute la poésie qu'il recèle : il s'agit de celle que Monet a consacrée à la cathédrale de Rouen. En effet, il a su voir et montrer combien la lumière transfigure, transforme, modifie les paysages, les monuments, les choses, combien le spectacle est différent selon le moment de la journée et les conditions météorologiques – aube ou crépuscule, temps brumeux ou clair, ciels couverts ou dégagés, sombres ou lumineux…

[Un regard neuf sur le monde] C'est pourquoi, il n'y a pas un jour où je ne prends le temps de m'installer devant ma fenêtre donnant sur les toits de la ville pour observer les variations de la couleur du ciel et toutes ses déclinaisons : gris tourterelle, gris anthracite, noir d'encre, bleu nuit, bleu très pâle, violet, violine, rose, orangé, jaune paille, jaune citron… Les pierres des murs, les ardoises du toit prennent des teintes si différentes sous le soleil ou sous la pluie. J'ai appris à regarder autrement ce petit bout de paysage familier. Je pense alors à tous les tableaux que Monet aurait pu peindre de cette vue toujours changeante bien que restant la même.

[Une envie de création artistique] Comme je n'ai aucun talent pour le dessin et la peinture, j'ai choisi d'avoir toujours un appareil photo à portée de main pour capter orage, arc-en-ciel, lever ou coucher du soleil, moment où ce dernier fait flamboyer les vitres des fenêtres et les cheminées. Chacun de ces instants est unique. Il s'agit toujours du même lieu, mais à chaque fois réinventé par la magie de la lumière.

[Conclusion] J'aimerais constituer un album de toutes les photographies de ces moments privilégiés que j'ai su capter de ma fenêtre.

SUJET

13

Sujet inédit • Progrès et rêves scientifiques

50 points

Paris en 2050

Ce sujet regroupe tous les exercices de français de la 2de épreuve écrite.

1re partie • Analyse et interprétation de textes et de documents (1 heure)

DOCUMENT A **Texte littéraire**

Dans ce roman qui se déroule en 2050, Barjavel imagine une ville où certains principes architecturaux de Le Corbusier ont été appliqués, parfois de manière extrême.

Les studios de Radio-300 étaient installés au 96e étage de la Ville Radieuse, une des quatre Villes Hautes construites par Le Cornemusier[1] pour décongestionner Paris. La Ville Radieuse se dressait sur l'emplacement de l'ancien quartier du Haut-Vaugirard, la Ville Rouge sur l'ancien bois de Boulogne, la Ville Azur sur l'ancien bois de Vincennes, et la Ville d'Or sur la Butte-Montmartre. […]

Quelques érudits[2], amoureux du vieux Paris, se sont penchés sur les souvenirs du Montmartre disparu, et nous ont dit ce qu'était cet étrange quartier de la capitale. À l'endroit même où devait plus tard s'élancer vers le zénith la masse dorée de la Ville Haute, un entassement de taudis abritait autrefois une bien pittoresque population. Ce quartier sale, malsain, surpeuplé, se trouvait être, paradoxalement, le « lieu artistique » par excellence de l'Occident. Les jeunes gens qui, à Valladolid, Munich, Gênes ou Savigny-sur-Braye, sentaient s'éveiller en eux la passion des beaux-arts savaient qu'il se trouvait une seule ville au monde et, dans cette ville, un seul quartier – Montmartre – où ils eussent quelque chance de voir s'épanouir leur talent. Ils y accouraient, sacrifiaient considération, confort, à l'amour de la glaise ou de la couleur. Ils vivaient dans des ateliers, sortes de remises ou de greniers dont les vitres fêlées remplaçaient un mur, parfois le plafond. […] Ce vieux quartier fut rasé. Un peuple d'architectes et de compagnons édifia la Ville d'Or. […]

PROGRÈS ET RÊVES

François Deschamps, restauré, prit le chemin de son domicile. Montparnasse sommeillait, bercé d'un océan de bruits. L'air, le sol, les murs vibraient d'un bruit continu, bruit des cent mille usines qui tournaient nuit et jour, des millions d'autos, des innombrables avions qui parcouraient le ciel, des panneaux hurleurs de la publicité parlante, des postes de radio qui versaient par toutes les fenêtres ouvertes leurs chansons, leur musique et les voix enflées des *speakers*. Tout cela composait un grondement énorme et confus auquel les oreilles s'habituaient vite, et qui couvrait les simples bruits de vie, d'amour et de mort des vingt-cinq millions d'êtres humains entassés dans les maisons et dans les rues. Vingt-cinq millions, c'était le chiffre donné par le dernier recensement de la population de la capitale. […] À Paris sévissait une crise du logement que la construction des quatre Villes Hautes n'avait pas conjurée. Le Conseil de la ville avait décidé d'en faire construire dix autres pareilles.

René Barjavel, *Ravage*, 1943, © Éditions Denoël.

1. Le Cornemusier : déformation volontaire du nom de l'architecte Le Corbusier.
2. Érudits : personnes très cultivées.

DOCUMENT B **Le Corbusier, *Plan pour la reconstruction de Paris***

Ce plan, appelé « plan Voisin » 1925, vise à répondre aux besoins de logements de la population active. L'architecte le présente ainsi : « Ce plan s'attaque aux quartiers les plus infects, aux rues les plus étriquées… Il ouvre au point stratégique de Paris un étincelant réseau de communication. »

QUESTIONS 20 POINTS

Les réponses doivent être entièrement rédigées.

Sur le texte littéraire (document A)

▶ **1.** Quels sont les deux lieux et les deux époques qui s'opposent dans ce texte ? Comment l'un et l'autre sont-ils connotés ? *(3 points)*

▶ **2. a)** Quel est le temps majoritairement employé ? Pourquoi est-il utilisé ? *(2 points)*
b) « Quelques érudits [...] capitale » (lignes 7 à 9). Comment expliquez-vous l'emploi du passé composé dans cette phrase ? *(2 points)*

▶ **3.** « des innombrables avions qui parcouraient le ciel » (lignes 26-27).
a) Expliquez la formation du mot « innombrable », en nommant les différentes parties qui le composent. *(1,5 point)*
b) Que signifie ce terme ? *(1 point)*
c) De quels autres mots employés dans le texte peut-on le rapprocher ? *(1,5 point)*

▶ **4.** Selon vous, quel rapport ce texte entretient-il avec la réalité ? Que pouvez-vous en déduire sur le genre de l'œuvre dont il est extrait ? *(3 points)*

▶ **5.** Aimeriez-vous vivre dans la ville décrite par Barjavel ? Pourquoi ? *(2 points)*

Sur le texte et l'image (documents A et B)

▶ **6.** Quelle impression produit sur vous la photographie ? *(2 points)*

▶ **7.** Comment peut-on rapprocher la photographie et le texte ? *(2 points)*

2de partie • Rédaction et maîtrise de la langue (2 heures)

DICTÉE 5 POINTS

Le titre et la source de l'extrait et « Villes Hautes » sont écrits au tableau au début de la dictée.

René Barjavel
Ravage, 1943
© Éditions Denoël

Les lumières de la nuit

Les grands boulevards, les rues étroites des quartiers centraux, réservés aux magasins et aux lieux de plaisir, palpitaient de mille couleurs changeantes, composaient un réseau de feu que voilait légèrement une brume lumineuse. Des toits vivement éclairés des quatre Villes Hautes montaient vers le ciel des gerbes multicolores. Les avions qui prenaient l'air la nuit devaient garder leurs cabines éclairées, et c'était autant de bulles roses, bleues, vertes, blanches, dorées, mauves, grosses comme des points lumineux à leur départ, qui montaient en grossissant vers le ciel nocturne.

RÉÉCRITURE 5 POINTS

« Les jeunes gens qui, à Valladolid, Munich, Gênes ou Savigny-sur-Braye, sentaient s'éveiller en eux la passion des beaux-arts savaient qu'il se trouvait une seule ville au monde et, dans cette ville, un seul quartier – Montmartre – où ils eussent quelque chance de voir s'épanouir leur talent. »

Réécrivez ce passage en remplaçant *Les jeunes gens* par *Le jeune homme*, et en conjuguant tous les verbes au présent de l'indicatif. Vous ferez toutes les modifications nécessaires.

TRAVAIL D'ÉCRITURE 20 POINTS

Vous traiterez au choix le sujet A ou le sujet B.
Votre rédaction sera d'une longueur minimale d'une soixantaine de lignes (300 mots environ).

Sujet A

Âgé d'une cinquantaine d'années, vous vivez dans le Paris de 2050 décrit par Barjavel. Interrogé par votre petit-neveu, vous lui décrivez le monde dans lequel vous avez vécu, enfant. Votre texte fera alterner passages narratifs et passages dialogués.

Sujet B

Le texte de Barjavel oppose la modernité des quatre Villes Hautes au vieux quartier de Montmartre. À votre avis, quels peuvent être les avantages et les inconvénients d'une ville moderne, par rapport à une ville plus traditionnelle ? Vous présenterez votre réflexion dans un développement argumenté et organisé.

LES CLÉS DU SUJET

Les documents

Le texte littéraire (document A)

En 1943, René Barjavel imagine le monde de 2050. Les innovations technologiques sont importantes dans tous les domaines. Dans l'extrait présenté, François, le personnage principal, arrive à Paris : de grands changements, dus à la surpopulation urbaine, ont eu lieu dans la capitale.

L'image (document B)

Dans ses projets, l'architecte Le Corbusier réfléchit à l'organisation de la ville et propose des bouleversements radicaux. L'édification de villes en hauteur, en libérant près de 95 % de la surface au sol, devait selon lui permettre de répondre aux problèmes de la pénurie de logements et favoriser le bien-être des habitants.

Travail d'écriture (Sujet A)

Recherche d'idées

Tu dois décrire le monde actuel, mais en te projetant trente ans plus tard. Il faut donc insister sur les domaines susceptibles d'avoir beaucoup évolué dans ce laps de temps : les moyens de locomotion, les sources d'énergie, les modes de communication ou d'alimentation actuels pourront par exemple paraître exotiques ou curieux à un enfant de 2050.

Conseils de rédaction

Tu dois écrire un texte à la première personne. Précise dans un premier paragraphe le cadre de la conversation (le moment, le lieu), avant de commencer le dialogue. C'est l'adulte qui parle le plus dans l'échange. Les interventions de l'enfant peuvent dénoter l'étonnement (avec des adjectifs comme *ahuri, incrédule, ébahi*) ou l'amusement (avec des expressions comme *se réjouir*, *trouver divertissant*).

Travail d'écriture (Sujet B)

Recherche d'idées

Le sujet te demande d'envisager les aspects positifs *et* négatifs d'une ville moderne. Comme avantages, tu peux mentionner la résolution du problème de la crise du logement, la disparition des quartiers insalubres, une circulation plus fluide.

Comme inconvénients, tu peux penser à la trop grande concentration humaine ainsi créée, à la disparition de certains quartiers historiques et symboliques, à l'uniformisation de toutes les habitations.

Conseils de rédaction

Rappelle le thème du devoir dans un premier paragraphe d'introduction. Consacre ensuite un paragraphe aux avantages et un paragraphe aux inconvénients, dans l'ordre que tu veux. Si tu as un avis tranché sur la question, attends la fin du devoir pour le mentionner.

CORRIGÉ 13

1re partie • Analyse et interprétation de textes et de documents

QUESTIONS

▶ **1.** Les nouveaux immeubles, baptisés « Villes hautes », s'opposent aux anciens quartiers de Paris, sales et malsains, comme Montmartre. Les vieux quartiers correspondent à l'époque de publication du texte, soit la première moitié du XXe siècle. Les villes hautes sont présentées comme des innovations technologiques de 2050, et bénéficient de noms connotés positivement (« masse dorée, ville radieuse »). Pour les anciens quartiers décrits, comme Montmartre ou Montparnasse, les connotations péjoratives semblent l'emporter : « océan de bruit, grondement énorme et confus ».

▶ **2. a)** Le temps majoritairement employé dans le texte est l'imparfait, temps de la description.

b) Le passé composé exprime une action passée, mais qui s'interprète par rapport au présent du narrateur : celui-ci en effet interrompt son récit pour faire un commentaire personnel (« nous ont dit »). Cette phrase est donc **ancrée dans la situation d'énonciation**. Le reste du récit, lui, est coupé de cette situation.

▶ **3. a)** L'adjectif *innombrables* est formé du préfixe privatif *in-*, du radical *nombr-*, suivi du suffixe *-able* (qui indique l'idée de possibilité).

b) Est *innombrable* ce qui **ne peut pas être compté**, car présent en trop grand nombre. Dans le texte, les avions sont trop nombreux pour être comptés.

c) On peut rapprocher ce terme de tous les **autres nombres** présents dans ce paragraphe, qui vont en augmentant : « cent mille » (usines), « millions » (d'autos), « vingt-cinq millions » (d'êtres humains).

▶ **4.** Publié en 1943, le roman de Barjavel décrit le monde un siècle plus tard. Il s'agit donc d'un **roman d'anticipation**. Les progrès scientifiques et technologiques sont un thème essentiel de ce genre littéraire. Ici, les progrès mentionnés ont un caractère parfaitement plausible.

▶ **5.** Le Paris du futur imaginé par Barjavel peut sembler moderne et plaisant. Cependant, l'auteur laisse entendre que plusieurs problèmes se posent. La très forte concentration humaine, par exemple, est effrayante (« vingt-cinq millions d'êtres humains entassés »). En outre, le progrès s'accompagne d'une certaine **déshumanisation** : le vacarme couvre « les simples bruits de vie, d'amour et de mort ».

Info +
Le titre *Ravage* laisse à penser qu'il est impossible que la société décrite dans les premières pages du roman puisse perdurer sans conduire l'humanité à sa perte.

▶ **6.** La photographie nous montre une maquette de Le Corbusier où de nombreux gratte-ciel sont répartis très géométriquement dans la ville de Paris. La photographie, qui rappelle le quartier de Manhattan à New York, peut provoquer une **impression positive** de modernité et de confort.

▶ **7.** Le texte nous dévoile une ville où les principes de l'architecte (dont le nom est très reconnaissable) ont été appliqués. Mais l'auteur choisit de présenter cette application sous un jour déplaisant, car le progrès s'accompagne d'une certaine déshumanisation : « la passion », « le talent » et « l'amour » de l'art semblent absents de cette ville.

2e partie • Rédaction et maîtrise de la langue

DICTÉE

POINT MÉTHODE

1 Le texte comporte dix-huit adjectifs qualificatifs : souviens-toi que chacun se rapporte à un nom dont il prend les marques de genre et de nombre. Ici les adjectifs sont généralement proches des noms qu'ils qualifient ; mais il arrive toutefois que l'adjectif soit séparé du nom par un adverbe.

2 Les verbes sont conjugués à l'imparfait. Attention : deux phrases sont construites avec des sujets inversés. Pose la question « qui est-ce qui ? » ou « qu'est-ce qui ? » suivie des verbes *voiler* et *monter* pour trouver leur sujet.

3 N'oublie pas que *quatre* et *mille* sont invariables.

Les grands boulevards, les rues étroites des quartiers centraux, réservés aux magasins et aux lieux de plaisir, palpitaient de mille couleurs changeantes, composaient un réseau de feu que voilait légèrement une brume lumineuse. Des toits vivement éclairés des quatre Villes Hautes montaient vers le ciel des gerbes multicolores. Les avions qui prenaient l'air la nuit devaient garder leurs cabines éclairées, et c'était autant de bulles roses, bleues, vertes, blanches, dorées, mauves, grosses comme des points lumineux à leur départ, qui montaient en grossissant vers le ciel nocturne.

RÉÉCRITURE

Les modifications sont mises en couleur.

« Le jeune homme qui, à Valladolid, Munich, Gênes ou Savigny-sur-Braye, sent s'éveiller en lui la passion des beaux-arts sait qu'il se trouve une seule ville au monde et, dans cette ville, un seul quartier – Montmartre – où il a quelque chance de voir s'épanouir son talent. »

Zoom
La forme *eussent*, qui peut te paraître compliquée, correspond au subjonctif imparfait du verbe... *avoir*, que tu sais sans problème conjuguer au présent de l'indicatif.

TRAVAIL D'ÉCRITURE

Voici un exemple de rédaction sur chacun des deux sujets.
Attention les titres en couleur ne doivent pas figurer sur ta copie.

Sujet A

Conseil
Limite-toi à la description de deux ou trois domaines. Dans cette conversation, trois domaines sont abordés : l'école, l'alimentation, les transports.

[Passage narratif : présentation du cadre] Lundi dernier, j'ai dû aller chercher Sam, mon petit-neveu à la sortie de l'école. Ses parents, qui rentraient tard, m'avaient demandé de le garder.

[Début du dialogue] « Salut, m'a-t-il dit lorsqu'il m'a aperçu.

– Bonjour petit. Comment s'est passée ta journée ?

– Pas très bien ; j'ai raté un exercice de code. Mais je ne sais pas si tu peux comprendre…

– J'ai beau être plus âgé que toi, j'ai quand même entendu parler du code informatique ! Mais il est vrai que lorsque j'étais petit, on nous apprenait surtout à écrire et à compter.

– Mais pour quoi faire ? m'a interrompu Sam, amusé. Vous n'aviez pas de logiciels de correction et de calcul ?

– Cela existait, bien sûr, mais l'essentiel de l'apprentissage se faisait de manière manuscrite : on recopiait des leçons, on écrivait des textes, on posait des opérations. Et il fallait attendre la sonnerie pour avoir le droit de parler, pendant un petit quart d'heure, avant de repartir pour une heure de cours.

– Tu veux dire que vous étiez obligés de rester assis et silencieux pendant toute une heure ? » m'a demandé Sam, incrédule.

[Passage narratif : commentaires du narrateur] Son air ahuri m'a fait rire. J'ai eu envie de lui décrire le monde de mon enfance de manière encore plus noire pour lui, en lui parlant de privation d'ordinateur et de téléphone. Mais j'ai résisté à la tentation.

[Fin du dialogue] « Il y avait néanmoins des choses agréables. La nourriture par exemple. J'imagine qu'à ta cantine on vous distribue des portions contenant exactement le nombre de nutriments adaptés à chacun. Quand j'étais petit, le jour des frites était attendu avec impatience. C'était gras, mais c'était délicieux. Tu voudrais que je t'en fasse ce soir ?

– Oui, s'il te plaît ! s'est-il réjoui. Et pourra-t-on faire ensuite un tour sur ce drôle d'engin que tu gardes dans ton garage, tu sais, celui avec les cercles qui tournent ?

– Un tour de vélo tu veux dire ? D'accord, si tu manges toutes tes frites. »

Sujet B

[Introduction] Dans *Ravage*, René Barjavel évoque la destruction des vieux quartiers et la construction des Villes Hautes, afin de répondre aux nouveaux besoins de la population. Une ville moderne de ce type présente alors un certain nombre d'avantages, mais aussi quelques inconvénients.

[Les avantages] Dans les villes traditionnelles, il n'est pas toujours possible de loger tous les gens qui ont besoin d'y vivre. Bâtir des villes en hauteur peut résoudre ce problème : les gratte-ciel, pour la même surface au sol, peuvent loger beaucoup plus de familles. Par ailleurs, les nouveaux logements répondent à des normes de sécurité et d'isolation plus performantes. De nouveaux édifices, modernes et sains, peuvent remplacer les logements insalubres. En définitive, la surface au sol ainsi libérée peut permettre une meilleure circulation des biens et des personnes : les déplacements sont alors plus rapides. La ville moderne présente donc des avantages appréciables.

Conseil
À l'intérieur de chaque paragraphe, utilise les connecteurs logiques pour signaler le passage d'un argument à un autre.

[Les inconvénients] Mais la ville moderne comporte aussi quelques inconvénients, à commencer par une concentration humaine excessive. Le texte de Barjavel présente une ville de vingt-cinq millions d'habitants. Or ce chiffre correspond plus à la population d'un pays que d'une ville ! Il est difficile de créer des liens avec les gens dans une structure de cette importance. En outre, si les constructions anciennes disparaissent, c'est tout une part de l'histoire qui meurt : le patrimoine français repose sur des quartiers comme Montmartre, encore aujourd'hui un des plus visités de la capitale. Enfin, si tout ce qui est plus ancien est remplacé par des constructions modernes, tout se ressemblera, il n'y aura plus de place pour la variété.

[Conclusion] Par rapport à une ville ancienne, la ville moderne présente donc des avantages certains, mais également des inconvénients non négligeables. Pour ma part, je crois être plus favorable à une ville plus traditionnelle, à taille humaine, où l'on peut encore connaître nos voisins par leur nom.

SUJET

14

Sujet inédit • Progrès et rêves scientifiques
50 points

Expériences et découvertes

Ce sujet regroupe tous les exercices de français de la 2de épreuve écrite.

1re partie • Analyse et interprétation de textes et de documents (1 heure)

DOCUMENT A **Texte littéraire**

Louis Pasteur, chimiste et physicien français (1822-1895), est célèbre, entre autres, pour avoir mis au point un vaccin contre la rage. Cet extrait raconte comment le savant et son équipe découvrent l'efficacité du principe de vaccination.

L'équipe de Pasteur ne s'occupait pas que du charbon[1]. On lui avait aussi demandé de mettre fin au « choléra des poules », une maladie qui paralysait la volaille avant de la tuer.

Septembre 1879. […] Dans un coin de son laboratoire parisien de la rue d'Ulm, on retrouve une culture de bacilles[2] qui avaient été identifiés comme responsables de cette affection[3]. Personne ne s'en était préoccupé durant les deux mois d'été.

Pasteur prélève quelques gouttes du bouillon et les inocule[4] à des poules. Qui tombent un peu malades, mais aucune ne meurt.

Un peu plus tard, ces mêmes poules reçoivent une solution « jeune et neuve » des bacilles. Jour après jour, on guette fiévreusement leur état. Au bout de deux semaines, la bonne nouvelle est confirmée : aucune des volailles n'est morte.

Devant ses collaborateurs Chamberland et Roux, Pasteur se serait exclamé : « Ne voyez-vous pas que ces poules ont été vaccinées ? »

[…] Et c'est ainsi qu'il a baptisé « vaccin » le germe affaibli. […]

Comment atténuer la malfaisance d'un virus ? Tel est le nouveau défi de Pasteur et de son équipe. Le tout jeune Émile Roux, l'une de ses dernières recrues, va jouer un rôle crucial. Il se murmure que, déjà, pour le vaccin qui allait sauver les poules, c'est de lui que serait venue l'idée géniale. Il se chuchote aussi que la contribution de Chamberland, autre assistant, a permis de franchir un pas décisif… Mais, silence ! C'est Pasteur, le héros de l'histoire. Ne rabotons pas sa gloire. Sauf à considérer que son premier mérite est justement d'avoir constitué et conservé un tel commando. Patience, nous y viendrons. […]

Le baron de La Rochette, grand propriétaire, est, à Melun, président de la Société d'agriculture. Il offre à l'expérience sa ferme de Pouilly-le-Fort.

Le 5 mai 1881, une foule nombreuse déferle à la gare locale de Cesson : paysans, élus, pharmaciens, vétérinaires… La plupart, sceptiques, ricanent en voyant Pasteur et ses assistants procéder à la première série d'inoculations : vingt-cinq moutons et cinq vaches parquées dans un hangar.

Le 17 mai, nouvelle inoculation des mêmes animaux avec le virus moins atténué, donc plus virulent que le précédent.

31 mai : toujours devant la même foule, le bacille du charbon (plus du tout atténué) est inoculé aux trente animaux vaccinés, mais aussi à vingt-cinq moutons et cinq vaches qui n'ont reçu aucun traitement. L'attente commence.

Et les tensions montent dans l'équipe : avons-nous choisi le bon vaccin ? Ne fallait-il pas poursuivre les recherches ? Si les vaccinés meurent, nous devrons, dans la honte, fermer notre laboratoire…

Jours d'angoisse. Nuits sans sommeil, car quelques bêtes traitées souffrent de fortes fièvres.

Une semaine plus tard, quand il revient à Pouilly, des acclamations l'accueillent. Tous les animaux non vaccinés sont morts : leurs cadavres gisent, alignés sur le sol. Tous les vaccinés broutent ou gambadent.

Erik Orsenna, *La vie, la mort, la vie*, 2015,

1. Charbon : maladie infectieuse, potentiellement mortelle, qui touche aussi bien l'homme que l'animal.
2. Culture de bacilles : élevage de microbes, qui se fait dans un liquide appelé « bouillon ».
3. Affection : maladie.
4. Inoculer : introduire dans l'organisme une substance contenant les germes d'une maladie.

DOCUMENT B **Albert Edelfelt, *Louis Pasteur*, 1885**

En peignant ce portrait de Louis Pasteur, un des plus célèbres scientifiques de l'époque, le peintre finlandais Albert Edelfelt obtient un succès considérable.

QUESTIONS 20 POINTS

Les réponses doivent être entièrement rédigées.

Sur le texte littéraire (document A)

▶ **1. a)** Quelles sont les deux expériences successives racontées dans ce texte ? *(1 point)*

b) Quels points communs pouvez-vous relever entre ces expériences ? *(1 point)*

▶ **2.** Pour quelle raison, le 31 mai, le bacille du charbon est-il aussi inoculé aux animaux non vaccinés ? *(1 point)*

▶ **3.** Expliquez précisément quels sont les sentiments de Pasteur et de son équipe tandis qu'ils attendent les résultats des expériences. *(2 points)*

▶ **4.** Expliquez la formation du mot « fiévreusement » (ligne 11) et son sens dans le texte. Le mot « fièvres » (ligne 45) est-il à prendre dans le même sens ? *(3 points)*

▶ **5.** « Et les tensions montent dans l'équipe : avons-nous choisi le bon vaccin ? Ne fallait-il pas poursuivre les recherches ? » (lignes 41-42)
a) Comment sont rapportées les paroles dans ces phrases ? *(1 point)*
b) Est-ce une manière habituelle de procéder ? *(1 point)*
c) Pourquoi, selon vous, l'auteur procède-t-il ainsi ? *(1 point)*

▶ **6.** « Mais, silence ! C'est Pasteur, le héros de l'histoire. Ne rabotons pas sa gloire. » (lignes 23-24)
a) Quels sont les types de phrase employés ? *(1 point)*
b) Qui parle et à qui ces phrases sont-elles adressées ? *(1 point)*
c) Expliquez le sens de ces phrases en vous aidant de ce qui précède et de ce qui suit. *(1 point)*

▶ **7.** Ce texte dresse-t-il le portrait d'un homme ou d'un projet collectif ? Justifiez votre réponse par des renvois précis au texte. *(2 points)*

Sur le texte et l'image (documents A et B)
▶ **8.** Quels sont les rapports entretenus entre le texte et le tableau ? *(2 points)*

▶ **9.** Quelle impression se dégage du tableau ? Selon vous, est-ce la même que celle dégagée par le texte ? Pourquoi ? *(2 points)*

2de partie • Rédaction et maîtrise de la langue (2 heures)

DICTÉE — 5 POINTS

Le titre, la source de l'extrait et les noms Victor Hugo, Louis Pasteur et Franche-Comté sont écrits au tableau.

Erik Orsenna
La vie, la mort, la vie, 2015
© Librairie Arthème Fayard

Ils se seront détestés

Victor Hugo et Louis Pasteur. Le grand écrivain et le grand savant. Les deux phares qui, au-delà de la France, éclairent encore le monde. Deux bienfaiteurs de l'humanité. L'un, explorateur des vertiges de l'âme, a rendu leur dignité aux misérables et, pour cela, demeure célébré de l'Amérique latine à la Chine. L'autre, découvreur des sources de la vie, a triomphé de la rage. Tous les deux nés dans cette province appelée Franche-Comté pour les libertés qu'elle savait défendre. […] L'un chérissait la liberté, l'autre la science. Quand, l'un après l'autre, la mort finit par les rattraper, le même hommage leur fut rendu […]. Ensemble, ils résument leur siècle.

RÉÉCRITURE 5 POINTS

« Une semaine plus tard, quand il revient à Pouilly, des acclamations l'accueillent. Tous les animaux non vaccinés sont morts […] »

Réécrivez ce passage en remplaçant *il* par *ils*, et *animaux* par *bêtes*. Vous ferez toutes les modifications nécessaires.

TRAVAIL D'ÉCRITURE 20 POINTS

Vous traiterez au choix le sujet A ou le sujet B.

Votre rédaction sera d'une longueur minimale d'une soixantaine de lignes (300 mots environ).

Sujet A

Selon vous, les découvertes scientifiques sont-elles nécessairement une source de progrès pour l'humanité ? Vous présenterez votre réflexion dans un développement organisé, en prenant appui sur des exemples tirés de vos lectures et de votre culture personnelle.

Sujet B

Vous avez fait une découverte qui révolutionne le quotidien. Vous écrivez une lettre au président de l'Académie des sciences pour lui présenter les vertus de votre découverte et le convaincre de soutenir vos travaux de recherche.

LES CLÉS DU SUJET

■ Les documents

Le texte littéraire (document A)

L'écrivain Erik Orsenna, membre de l'Académie française, occupe le fauteuil qui fut jadis celui de Louis Pasteur. Dans le livre qu'il consacre à ce grand savant du XIXe siècle, il retrace sa vie et ses nombreuses découvertes.

Le tableau (document B)

Pasteur est représenté au milieu de son laboratoire, entouré du matériel nécessaire à ses expériences. Le bocal qu'il tient dans la main contient la moelle épinière du lapin contaminé par la rage, à partir de laquelle il va mettre au point le vaccin contre cette maladie.

Travail d'écriture (sujet A)

Recherche d'idées

• Le sujet souligne le rôle des exemples dans ta réflexion. Tu peux les tirer des enseignements donnés en cours de sciences (découverte de l'électricité, par exemple) ou d'histoire (les armes chimiques faisant leur apparition pendant la Première Guerre mondiale).

• Pense également à utiliser le texte support et la découverte du principe de vaccination qui y est mentionnée.

Conseils de rédaction

• Construis ton devoir en deux parties : dans un premier paragraphe, tu traiteras des aspects positifs des découvertes scientifiques, en pensant aux progrès de la médecine et aux améliorations du quotidien ; dans un second paragraphe, tu aborderas les aspects négatifs, en mentionnant les exploitations militaires meurtrières de ces découvertes ou les expérimentations animales. Pense à étayer avec des exemples concrets.

• Donne ton avis en conclusion.

Travail d'écriture (sujet B)

Recherche d'idées

• Choisis un domaine qui peut toucher beaucoup de gens : l'alimentation, la pollution ou l'énergie.

• Il est inutile de rentrer dans des explications trop techniques ; pense surtout à présenter les avantages de ta découverte : gain de temps, gain de place, diminution de la pollution ou amélioration du cadre de vie.

Conseils de rédaction

• Commence par expliquer l'utilité de ta découverte en mettant en avant les problèmes qu'elle va permettre de résoudre, car il s'agit avant tout de convaincre ton destinataire de t'aider.

• Présente ensuite plus précisément ton innovation. Termine en demandant un soutien – financier ou autre – à ton destinataire.

• Respecte les codes de l'écriture épistolaire : date et lieu d'envoi, formules d'adresse et d'adieu et signature.

CORRIGÉ 14

1re partie • Analyse et interprétation de textes et de documents

QUESTIONS

▶ **1. a)** La première expérience mentionne le procédé tenté pour lutter contre une maladie appelée le « choléra des poules ». La seconde expérience est menée sur des moutons et des vaches pour lutter contre la maladie du charbon.

b) Dans les deux cas, le **protocole expérimental est identique** : un germe affaibli de la maladie est introduit chez des animaux sains, qui n'en meurent pas. Plus tard, on inocule à ces mêmes animaux un germe très virulent du virus, qui normalement devrait les tuer. Mais aucune bête ne meurt. Ces deux expériences sont donc couronnées de **succès**.

▶ **2.** Le virus est aussi inoculé à des animaux sains : c'est ce qu'on appelle **un groupe témoin**. Ils n'ont pas eu la première injection atténuée et mourront, montrant par-là même l'efficacité du vaccin reçu par les bêtes de l'autre groupe.

▶ **3.** Les scientifiques ne sont pas certains de la réussite de leurs expériences. Ils éprouvent d'abord de **l'angoisse** (« jour après jour, on guette fiévreusement leur état »). Lors de la deuxième expérience, l'angoisse est plus marquée (« les tensions montent dans l'équipe, nuits sans sommeil »), car la réussite moins certaine (« quelques bêtes traitées souffrent de fortes fièvres »). **Le soulagement et la joie ne sont pas mentionnés explicitement** : l'heure est encore à la recherche.

▶ **4.** L'adverbe « fiévreusement » est dérivé de l'adjectif « fiévreuse », suivi du **suffixe** *–ment*. L'adjectif lui-même est formé à partir du **radical *fièvr-***. Dans le texte, l'adverbe qualifie l'état d'angoisse et d'impatience des scientifiques. Il est donc à prendre au **sens figuré**. Le mot « fièvre » qui apparaît plus loin, est employé en revanche au **sens propre** : les animaux vaccinés ont une température plus élevée.

Astuce
Pour expliquer le sens d'un mot, il est également possible de lui trouver un synonyme, c'est-à-dire un mot de même classe grammaticale. Ici, le synonyme de « fiévreusement » serait « anxieusement ».

▶ **5. a)** Les paroles sont rapportées au **discours direct**, comme le montrent l'emploi du pronom de première personne et les points d'interrogation.

b) Le discours direct n'est toutefois pas employé de manière traditionnelle, car **les guillemets sont absents**.

c) Cette absence peut s'expliquer par le fait qu'il s'agit plus de **pensées rapportées** que de paroles, et qu'elles **émanent d'un groupe** et non d'un individu. On aurait pu parler de discours indirect libre si le pronom de 1re personne n'avait pas été employé.

▶ **6. a)** La phrase **déclarative** est encadrée par deux phrases **injonctives**.

b) Il s'agit ici de **commentaires de la part du narrateur** qui interrompt le récit pour **s'adresser au lecteur**. L'emploi de la 1re personne du pluriel crée une complicité entre le narrateur et le lecteur, associés dans ce « nous ».

c) Avec une certaine ironie, ces phrases précisent que tout le mérite doit être attribué à Pasteur et non à ses collaborateurs ; ce qui n'est peut-être pas vrai, mais nécessaire à l'élaboration de la légende (« C'est Pasteur, le héros de l'histoire »).

Zoom
Il existe quatre types de phrase : déclarative, injonctive, interrogative et exclamative. Dans la phrase déclarative, le présentatif « C'est » sert à mettre en valeur le nom de Pasteur.

▶ **7.** Le texte dresse le **portrait d'un homme** : « héros » de l'histoire, c'est lui qui prononce pour la première fois le mot « vaccin » et qui est acclamé lorsqu'il retourne à Pouilly. Mais ce portrait conforme à l'image « officielle » du savant est en réalité **plus nuancé** : les membres de l'équipe sont présents à tous les stades des expériences et sont peut-être à l'origine des plus grandes découvertes. L'appellation anachronique « commando » souligne la **force de cette équipe**.

▶ **8.** Les deux documents montrent un grand savant, **Pasteur, au travail**. Alors que le texte détaille des expériences réalisées sur des animaux **sur le terrain**, avec l'aide précieuse d'une équipe entière, le tableau privilégie l'image d'un **homme de laboratoire**, seul dans ses recherches.

▶ **9.** Le tableau dresse le **portrait d'un homme plus que d'un héros**. Une impression de calme et de recherche studieuse se dégage de la toile. Le texte en revanche présente un homme en proie aux doutes et aux angoisses, menant des expériences sur le vivant tout en étant incertain du résultat.

2de partie • Rédaction et maîtrise de la langue

DICTÉE

POINT MÉTHODE

1 Souviens-toi que le **participe passé employé sans auxiliaire** fonctionne comme un adjectif qualificatif : tu dois identifier le nom auquel il se rapporte pour l'accorder convenablement.

2 Les **noms féminins qui se terminent par le son *–té*** s'écrivent sans *e* (sauf quelques exceptions, comme « dictée »).

3 Attention à l'emploi des **consonnes doubles** dans certains mots.

Victor Hugo et Louis Pasteur. Le grand écrivain et le grand savant. Les deux phares qui, au-delà de la France, éclairent encore le monde. Deux bienfaiteurs de l'**humanité**. L'un, explorateur des vertiges de l'âme, a rendu leur **dignité** aux misérables et, pour cela, demeure **célébré** de l'Amérique latine à la Chine. L'autre, découvreur des sources de la vie, a triomphé de la rage. Tous les deux **nés** dans cette province **appelée** Franche-Comté pour les **libertés** qu'elle savait défendre. […] L'un chérissait la **liberté**, l'autre la science. Quand, l'un après l'autre, la mort finit par les rattraper, le même hommage leur fut rendu […]. Ensemble, ils résument leur siècle.

RÉÉCRITURE

Les modifications sont mises en couleur.

« Une semaine plus tard, quand **ils reviennent** à Pouilly, des acclamations **les** accueillent. **Toutes** les **bêtes** non **vaccinées sont mortes** […]. »

TRAVAIL D'ÉCRITURE

Voici un exemple de rédaction sur chacun des deux sujets.
Attention les titres en couleur ne doivent pas figurer sur ta copie.

Sujet A

[Introduction] Les découvertes scientifiques ont considérablement changé le quotidien des hommes, dans de nombreux domaines : la santé, la communication, les déplacements. On parle ainsi des « progrès » scientifiques qui améliorent notre ordinaire. Pourtant, les découvertes ne sont pas toujours synonymes d'amélioration. Nous étudierons d'abord les aspects positifs des découvertes scientifiques ; puis nous envisagerons les catastrophes qu'elles ont parfois amenées.

[Les avancées scientifiques] Les découvertes scientifiques sont souvent une source de progrès. Le recul de la mortalité est dû aux progrès de la médecine, et à la découverte du principe d'hygiène. La vaccination a aussi permis d'éradiquer nombre de maladies, comme le montre Erik Orsenna dans son ouvrage consacré à Pasteur : *La vie, la mort, la vie*. Au quotidien, nous profitons également des progrès scientifiques, et notamment de la découverte de l'électricité. Il nous semblerait difficile de nous passer de ce confort qui consiste à allumer un radiateur, une plaque électrique ou à se connecter à Internet.

[Les applications malheureuses] Cependant, les découvertes scientifiques ne sont pas nécessairement synonymes de progrès pour les hommes, car elles reçoivent souvent des applications militaires et meurtrières. Beaucoup de soldats sont tués pendant la Première Guerre mondiale par les armes chimiques qui font leur apparition et provoquent une mort lente et douloureuse. Et même dans le domaine médical, les suites des nouvelles découvertes ne sont pas toujours positives. Certains vaccins sont ainsi soupçonnés de provoquer des effets secondaires très graves et irréversibles.

[Conclusion] Les découvertes successives ont considérablement changé le quotidien des hommes. Si certaines améliorent notre vie, d'autres se révèlent meurtrières. Il est donc impossible d'affirmer que ces découvertes sont une source de progrès pour l'humanité, tant certaines applications qui en sont faites sont funestes.

Sujet B

Conseil
Présente ton devoir sous la forme d'une lettre, en mentionnant l'expéditeur, la date, le lieu, les formules de politesses.

Florine Vérin

Chemin des Plateaux

78440 Praville

Praville, le 7 juillet 2016

Monsieur le Président de l'Académie des sciences,

J'ai l'honneur de vous informer d'une découverte que j'ai faite récemment, et qui pourrait révolutionner notre quotidien.

[Rappel du contexte] La pollution toujours plus importante, et les bouleversements climatiques nous font craindre une pénurie possible de notre ressource naturelle la plus importante : l'eau. Sans eau, on le sait bien, nulle forme de vie n'est possible. Et sans purification, les bactéries et les virus pullulent, faisant du liquide un véritable poison.

[Présentation de la découverte] C'est en partant des méthodes mécaniques existantes pour filtrer l'eau que j'ai découvert un moyen beaucoup plus radical de fournir, en quantité, de l'eau potable à toute l'humanité. Par un procédé simple mais connu de moi seule, je suis désormais en mesure d'obtenir de l'eau potable à partir de n'importe quel liquide : eau de mer, jus de fruit, eau de pluie et même transpiration… Le procédé chimique utilisé est sans danger pour la santé.

[Demande de soutien] Mais pour être réellement exploitable, ma découverte nécessite quelques aménagements. Je pense notamment à la fabrication d'une machine effectuant automatiquement la transformation. C'est pour cette raison, Monsieur le Président, que j'ai l'honneur de solliciter une aide financière, qui me permettrait de mener à bien mes derniers travaux de recherche.

Dans l'attente de votre réponse, veuillez agréer, cher Monsieur, l'expression de mes salutations distinguées.

Florine Vérin

Le mémo du brevet

L'essentiel du programme en fiches

1 Reconnaître un récit

Un récit est un texte narratif, c'est-à-dire un texte où un narrateur raconte une histoire. Il peut revêtir de multiples formes : récit d'aventures, d'apprentissage, de guerre…

A Identifier les composantes du récit

- Les récits sont souvent aux temps du passé. Ceux-ci ont différentes valeurs :
  - l'**imparfait** est utilisé pour décrire le décor, les circonstances ;
  - le **passé simple** est utilisé pour une action ponctuelle ou limitée dans le temps ;
  - le **passé antérieur** et le **plus-que-parfait** sont utilisés pour les actions antérieures à celles exprimées par les verbes au passé simple et à l'imparfait.
- Un récit s'enrichit de passages qui ne sont pas purement narratifs :
  - la **description** sert à peindre des lieux ou à faire le portrait des personnages ;
  - le **dialogue** permet d'animer le récit et de créer un effet de réel puisque les personnages semblent s'exprimer directement ;
  - les **commentaires** du narrateur, en général au présent, interrompent parfois le récit.

B Analyser la structure d'un récit

Dans les récits courts, l'intrigue du récit suit souvent un **schéma narratif** qui compte cinq étapes successives.

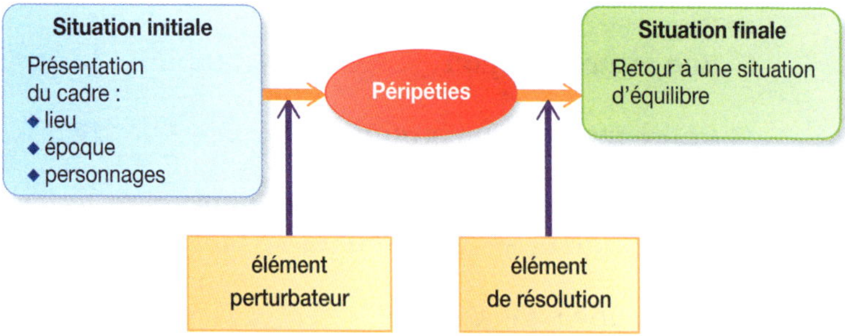

C Comprendre la fonction des personnages

- Chaque personnage remplit un **rôle** dans l'intrigue. Le héros ou personnage principal fait évoluer l'action en fonction de sa **quête**.
- Au cours de celle-ci, il rencontre soit des personnages qui l'aident à obtenir ce qu'il souhaite, soit des personnages qui lui font obstacle.

2 Reconnaître les formes de l'écriture de soi

L'écriture de soi peut prendre des formes variées selon qu'elle est personnelle ou destinée à la publication. On parle de genre autobiographique lorsque l'auteur fait le récit de sa propre vie.

A Repérer les caractéristiques de l'écriture de soi

1. La situation d'énonciation

- Le texte est rédigé à la **1re personne** du singulier. L'auteur, l'énonciateur et le protagoniste sont une seule et même personne. L'énonciation est subjective : le *je* ne donne que son propre point de vue.

2. Le destinataire

- Certains écrits ne sont destinés qu'à soi : **lettre** adressée à un proche, **journal** destiné à faire le point sur soi-même au jour le jour…
- D'autres écrits sont destinés à la publication et deviennent une pratique littéraire. On parle généralement d'écrits ou de romans autobiographiques. Les **Mémoires** (avec une majuscule), par exemple, mettent l'accent sur l'Histoire et les grands événements plutôt que sur la vie individuelle.

B Identifier les spécificités de l'autobiographie

- L'autobiographie est un genre littéraire où l'auteur fait le récit de sa propre vie privilégiant l'histoire de la construction de sa personnalité.
- L'autobiographie est un **récit rétrospectif** : le narrateur adulte recompose son passé.

> REMARQUE **Le récit d'enfance est généralement développé au début de l'autobiographie, qui suit la chronologie des événements.**

- C'est un récit ancré dans la **réalité**, qui relate des faits réels, des événements qui ont vraiment eu lieu. L'auteur s'engage à être sincère.
- L'autobiographie mêle donc **deux systèmes de temps** : le passé et le présent. Il y a un va-et-vient constant entre le *je* adulte, narrateur du récit, et le *je* enfant, personnage.
- Écrire sur soi repose sur l'**introspection**. L'auteur prend la plume pour se présenter, mais aussi exposer ses pensées ou peindre ses sentiments.

3 Reconnaître un texte théâtral

Lorsque tu penses au théâtre, tu imagines des acteurs, un décor, des costumes, la scène... Mais peux-tu définir exactement ce qu'est le genre théâtral ?

A Connaître les particularités du genre théâtral

- Une pièce de théâtre se différencie du genre romanesque en ce qu'elle n'est constituée que de dialogues et de didascalies. Elle est généralement divisée en actes, eux-mêmes divisés en plusieurs scènes.

> DÉFINITION **Les didascalies sont les indications de lieu, de costumes, de jeu et de mise en scène. Elles sont généralement mises en italique ou entre parenthèses pour les différencier des dialogues.**

- Le **dialogue** doit apporter les informations, faire progresser l'action, préciser les relations qui unissent les personnages et les sentiments qu'ils éprouvent.
- Le dialogue est constitué d'un échange de **répliques**. Chaque réplique est précédée du nom du personnage qui parle. Les paroles ne sont ni introduites par un verbe de parole ni placées entre guillemets.

B Connaître les conventions théâtrales

- La représentation théâtrale doit créer l'**illusion du réel** à partir d'éléments factices (décor, costumes).
- Le théâtre repose sur la règle de la **double énonciation** : les paroles prononcées par un personnage ont pour destinataires les autres personnages présents sur scène mais aussi les spectateurs. Prenons deux exemples :
  – l'**aparté** est une réplique qu'un personnage s'adresse à lui-même et que les autres personnages présents sur scène ne sont pas censés entendre. Le public est ainsi mis dans la confidence.
  – le **monologue** est une scène où un personnage, seul, s'adresse à lui-même mais aussi aux spectateurs auxquels il fait partager ses pensées.

4 Étudier un poème

La poésie peut prendre des formes très différentes, mais tous les poèmes ont en commun un usage particulier du langage.

A Reconnaître un poème

- Dans la poésie classique, un poème se reconnaît par sa disposition sur la page : les phrases sont découpées en **vers**, eux-mêmes regroupés en **strophes**.
- Les vers comptent un **nombre précis** de syllabes. Ils se caractérisent par la **rime** qui est la répétition du même son à la fin de deux ou plusieurs vers.
- S'affranchissant de ces règles, la poésie moderne se rapproche de la prose. Cependant, la **musicalité** du langage et les **images** suscitent une émotion particulière, propre à chaque poème.

B Repérer les images

Les images poétiques se doivent d'être **originales et expressives**. Pour les faire naître, le poète utilise des figures de style.

> REMARQUE **Une figure de style est un procédé qui crée des effets susceptibles d'agir sur la sensibilité ou l'imagination du lecteur.**

- La **comparaison** établit une ressemblance entre le comparé et le comparant à l'aide d'un outil de comparaison *(comme, tel, pareil à...)*.
- La **métaphore** est une comparaison sans outil pour l'introduire.
- La **personnification** consiste à attribuer des propriétés humaines à un animal, à une idée, à une chose.
- L'**allégorie** est une représentation concrète d'une idée. Par exemple, la justice est souvent représentée par une balance.

C Percevoir la musique des vers

La poésie naît d'un travail sur les sonorités et le rythme.

- Les rimes peuvent se combiner entre elles de différentes façons : rimes **suivies** (AA, BB), rimes **croisées** (ABAB) et rimes **embrassées** (ABBA).
- L'**allitération** est la répétition d'un même son consonne dans un ou plusieurs vers, qui vise à créer un effet d'imitation sonore. L'**assonance** est la répétition d'un même son voyelle.
- Le rythme est marqué par des **coupes** qui sont des pauses dans le vers situées après chaque syllabe accentuée. Elles marquent la cadence des vers.

5 Identifier la satire

Le texte et le dessin satirique visent à faire rire, mais surtout à dénoncer les défauts des hommes ou de la société.

A Qu'est-ce qu'un texte satirique ?

- C'est un texte qui attaque les vices et les ridicules d'une personne ou d'une société dans un but argumentatif. On le retrouve dans **tous les genres littéraires** : dans la fable (XVIIe siècle), la comédie (XVIIe siècle), le conte philosophique (XVIIIe siècle), le roman (XIXe siècle).
- Au XXe siècle, le registre satirique se retrouve dans les **chroniques télévisuelles** ou **radiophoniques**.

B Qu'est-ce qu'un dessin satirique ?

- Le dessin satirique se donne à voir immédiatement, souvent à la une des journaux ou sur les murs.
- Il peut prendre la forme de la **caricature** (représentation grotesque d'un personnage obtenue par la déformation de ses traits et de ses proportions). Comme un texte, il cherche à se moquer et à ridiculiser, à accuser une personne ou à critiquer une situation, à affirmer ou à dénoncer une opinion politique.
- Le dessin satirique s'appuie sur un certain nombre de procédés : **exagération** de particularités physiques, animalisation, végétalisation, **comparaison** dévalorisante ou encore diabolisation.

C Comment faire ?

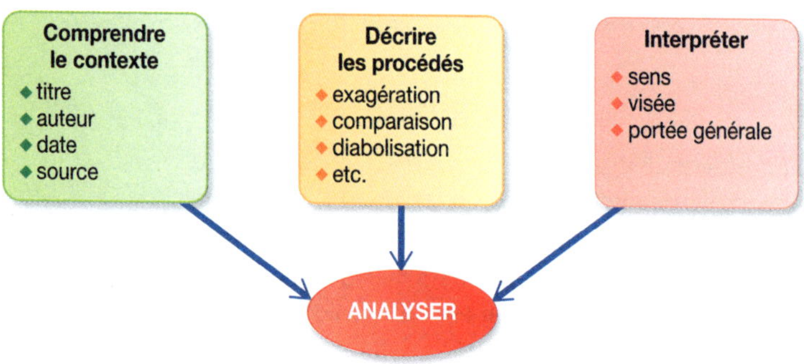

6 Reconnaître et construire une argumentation

Dans un texte argumentatif, l'émetteur cherche à convaincre le lecteur de quelque chose. L'argumentation peut se rencontrer dans des textes variés : articles de journaux, récits, pièces de théâtre…

A Reconnaître un texte argumentatif

- Pour convaincre, l'émetteur s'implique dans son discours : les marques de la 1re personne sont nombreuses. Il s'adresse à un **destinataire** en recourant aux marques de 2e personne.
- Le **présent** de l'indicatif est le temps de référence.
- Dans un texte argumentatif, l'émetteur exprime une **opinion**. Ainsi, les marques de subjectivité sont variées (verbes d'opinion, modalisateurs, vocabulaire mélioratif ou péjoratif).
- L'émetteur peut chercher à faire partager une opinion ou pousser le destinataire à agir.

B Organiser une argumentation

Un texte argumentatif est construit autour d'une thèse argumentée et illustrée par des exemples.

- La **thèse** est l'opinion défendue par le locuteur à propos d'un sujet donné.

> **REMARQUE La thèse s'oppose à une thèse adverse, qui peut être mentionnée par un autre personnage dans un dialogue, ou par l'émetteur principal, pour mieux la contredire.**

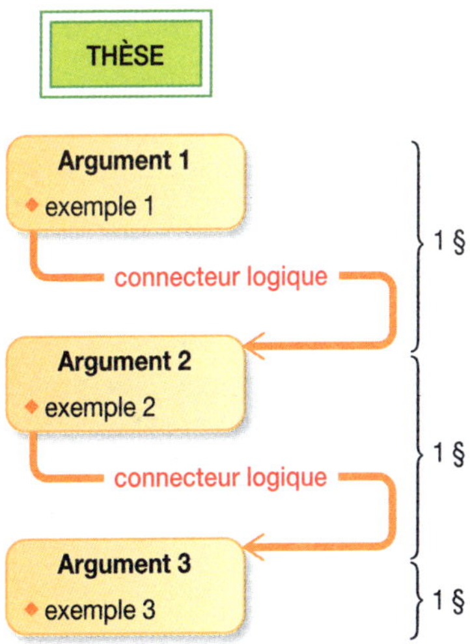

- Les **arguments** sont les raisonnements permettant de justifier la thèse défendue. Ils ont souvent une portée générale.
- Les **exemples** illustrent les arguments et permettent de mieux les comprendre. Ce sont des faits concrets, vérifiables.
- Les **connecteurs logiques** structurent le discours et explicitent les liens entre les différentes idées : *pourtant, mais, de plus…*

7 Écrire un dialogue argumentatif

Il s'agit d'imaginer un dialogue dans lequel deux locuteurs défendent des thèses opposées sur un sujet donné. Chacun défend son point de vue, en argumentant et en donnant des exemples dans le but de convaincre ou de persuader l'autre.

A Repérer la situation de communication

- Commence par définir le **thème** : de quoi est-il question ?
- Repère à quelle **époque** se déroule le dialogue : le vocabulaire et les idées ne seront pas les mêmes selon les époques.
- Tu dois définir qui sont les interlocuteurs et quelles thèses ils défendent.

B Prévoir la progression de l'échange

Pour éviter qu'un dialogue ne tourne en rond, il faut penser à la progression de l'échange.

- La **thèse** de chaque interlocuteur doit être soutenue par des **arguments** illustrés par des **exemples**.
- Les arguments doivent être présentés du moins convaincant (qui recevra donc des objections) au plus convaincant.

C Rédiger le dialogue

- Le dialogue ne doit pas se résumer à une énumération d'idées. Il faut le rendre vivant par des **adresses directes** à l'interlocuteur, par la mention de sentiments ressentis, ou par des **types de phrases variés** donnant de l'épaisseur aux interlocuteurs.
- Pense à varier les connecteurs pour lier arguments, objections et exemples.

Objectif	Connecteur
énumérer, ajouter des idées	d'abord, ensuite, enfin, et, de plus, par ailleurs, d'une part, d'autre part, non seulement… mais aussi…
exprimer l'opposition	mais, or, cependant, néanmoins, pourtant, malgré, alors que, au contraire…
exprimer la cause	car, parce que, puisque, comme, en raison de…
exprimer la conséquence	donc, par conséquent, c'est pourquoi, si bien que, pour…

- À la fin du dialogue, le lecteur doit savoir si l'argumentation a été efficace, et doit comprendre clairement quelle est la thèse victorieuse.

8 Raconter une expérience personnelle en exprimant ses sentiments

Relater une expérience personnelle en suivant certaines consignes est un exercice fréquent au brevet. L'expression des sentiments devra occuper une place importante dans ton récit.

A Relater une expérience

- L'expérience à raconter n'a pas à être vraie, mais seulement **vraisemblable**, c'est-à-dire crédible. Tu peux t'inspirer d'événements qui te sont réellement arrivés, ou bien en imaginer sans nécessairement qu'ils soient extraordinaires.
- On te demande d'écrire un récit à la **1re personne** inscrit la plupart du temps dans le passé. On doit pouvoir supposer que c'est réellement de toi qu'il s'agit. Tu dois donc prêter tes grandes caractéristiques au *je* fictif de ton récit : le narrateur est un collégien, qui vit à notre époque.

B Exprimer des sentiments

Pour exprimer des sentiments, il est nécessaire d'employer le **champ lexical** qui convient.

Sentiment	Noms	Adjectifs
peur	malaise, horreur, terreur, panique, épouvante	horrifié, terrifié, livide, pâle
joie	bonheur, contentement, plaisir, allégresse, enthousiasme	émerveillé, heureux, satisfait, enchanté, ravi, transporté
tristesse	chagrin, désespoir, détresse, amertume, souffrance, douleur	désespéré, amer, déçu, accablé, morne, maussade
surprise	stupéfaction, incrédulité, ébahissement, ahurissement	inattendu, stupéfait, ébahi

- Tandis que les phrases courtes marquent la vivacité du sentiment, les phrases plus longues décrivent des sentiments mêlés ou opposés.
- La phrase se terminant par un **point d'exclamation** traduit des sentiments ou des émotions fortes (la colère, l'impatience, la joie…).
- Les **points de suspension** rendent un énoncé plus expressif (marque du doute, du regret…).

9 Écrire une suite de récit

Écrire la suite d'un récit, c'est poursuivre à ta manière le travail d'un écrivain : il faut donc que tu utilises ton imagination, tout en respectant les éléments présents dans le texte de référence.

A Respecter les données du texte initial

Rédiger une suite de texte demande une analyse minutieuse du texte de référence.

● Identifie d'abord le **genre** du récit : récit d'enfance, policier, réaliste… Puis, note tous les éléments narratifs qui te permettent de définir :
– le **cadre** (en répondant aux questions : où ? quand ?) ;
– le **narrateur** et les **thèmes** (qui ? quoi ?) ;
– le caractère et le comportement des **personnages**.

> ATTENTION ! **Ne mentionne pas des inventions du XXe siècle pour écrire la suite d'un texte du XIXe siècle, comme la voiture motorisée, le téléphone, etc.**

● Analyse ensuite les **procédés** d'écriture : à quelle personne le récit est-il mené ? À quel temps ? Quel est le registre employé ? Quel est le ton d'ensemble ?

● Le système de temps (soit du passé soit du présent) de la narration doit être respecté.

B Imaginer une suite

● Détermine d'abord la **fin** de ton texte : quelles réponses vas-tu apporter aux questions soulevées par l'extrait ? Comment vas-tu satisfaire les attentes du lecteur ?

● Imagine ensuite un enchaînement de **péripéties** conduisant à ce dénouement.

● Vérifie que tes péripéties sont **cohérentes** avec le texte initial. Fais attention notamment au cadre spatio-temporel et au caractère des personnages.

10 Écrire un dialogue théâtral

Au théâtre, l'action ne progresse que par les paroles qu'échangent les personnages : il te faut donc écrire un dialogue vivant et efficace.

A Respecter les caractéristiques du dialogue théâtral

● Commence par indiquer le nom du personnage qui prend la parole devant sa réplique.

> ATTENTION ! **Tu ne dois pas employer de guillemets ni de verbes de parole.**

● Tu peux introduire des **didascalies**, c'est-à-dire des indications scéniques, en italique ou entre parenthèses pour indiquer :
- le ton employé par l'émetteur ;
- à qui la réplique est adressée s'il y a confusion possible ;
- la posture ou les mouvements des personnages susceptibles de souligner ce qui est dit dans le dialogue.

B Construire le dialogue

Pour écrire un dialogue vivant et efficace, tu peux avoir recours à différents procédés. Pour commencer, évite les répliques qui ne servent pas à faire progresser l'action ou à créer un effet.

● Choisis le **niveau de langue** qui correspond au personnage qui parle et au genre théâtral : le niveau de langue est soutenu dans les tragédies classiques et les personnages s'expriment en alexandrins, alors que dans les comédies, les personnages peuvent s'exprimer dans un registre populaire.

● Pense à alterner les **types de phrases** : tu peux faire se succéder les phrases déclaratives, interrogatives, exclamatives et injonctives.

● Tu peux varier le **rythme du dialogue** en faisant se succéder longues tirades et répliques courtes pour rendre ton dialogue vif et rapide.

● Fais avancer le dialogue au moyen de **reprises de mots**, ce qui, d'une réplique à l'autre, crée un effet d'écho.

Œuvres&thèmes
CLASSIQUES HATIER
Texte intégral
Stefan Zweig
Lettre d'une inconnue
Dossier thématique
DIRE L'AMOUR
Hatier
Œuvres&thèmes
CLASSIQUES HATIER
La Genèse
et autres récits de création
Œuvres&thèmes
CLASSIQUES HATIER
Jean-Côme Noguès
Le Voyage inspiré
Œuvres&thèmes
CLASSIQUES HATIER
Homère
L'Odyssée

Pour ton brevet
EXIGE LE N°1
RÉFORME
NOUVEAU BREVET
DU COLLÈGE
prépabrevet
COURS & ENTRAÎNEMENT
3e
Maths
Les fiches de cours
Les méthodes du brevet
Exercices et sujets types
Tous les corrigés détaillés
+ des rabats aide-mémoire
GRATUIT
Un abonnement au site de révisions annabac.com
Hatier
prépabrevet
TOUT-EN-UN
COURS • SUJETS • CORRIGÉS
3e
Français
Maths
Histoire-Géo EMC
Physique-Chimie
SVT
Anglais
& BREVETS BLANCS
GRATUIT
Un abonnement au site de révisions annabac.com
Hatier
prépabrevet
COURS & ENTRAÎNEMENT
3e
Français
Les fiches de cours
Des exercices progressifs
Des sujets de brevets blancs
Tous les corrigés détaillés
+ des rabats aide-mémoire
GRATUIT
Un abonnement au site de révisions annabac.com
Hatier
@
our un
uvrage acheté,
n abonnement
GRATUIT
u site annabac.com
Hatier
www.hatier.fr